DR. MED. VET. PETRA KÖLLE

REPTILIEN-
KRANKHEITEN

KOSMOS

VORBEUGEN IST BESSER ALS HEILEN!

Reptilien als Haustiere

Reptilien verzeichnen eine zunehmende Beliebtheit als Heimtiere. In den USA soll die Zahl der als Haustiere gehaltenen Reptilien bereits die der Ziervögel übertreffen. Auch bei uns werden Reptilien als Haustiere immer beliebter. Genaue Zahlen liegen jedoch bisher im Gegensatz zu den „klassischen" Haustieren leider nicht vor. Dabei können einige Reptilienarten aufgrund einer Rassebildung infolge züchterischer Bemühungen inzwischen durchaus schon als „echte" Haustiere bezeichnet werden. Dazu zählen vor allem Kornnattern mit ihren sehr zahlreich vorhandenen Farb- und Mustervarianten. Auch bei Königsnattern, Tigerpythons, Königspythons und Leopardgeckos werden inzwischen albinotische Tiere und weitere Farbvarianten in größerem Umfang besonders in den USA gezüchtet. Jedoch besteht ein großer Teil der in Terrarien gepflegten Reptilien leider nach wie vor immer noch aus Wildfängen, die ihren Wildtiercharakter erhalten haben. Sie sind meist schwieriger zu pflegen als die an Terrarienbedingungen angepassten Nachzuchttiere.

Kornnattern (Elaphe guttata) gibt es in verschiedenen Farb- und Mustervarianten. Diese ungiftigen und attraktiven Schlangen eignen sich gut als Haustiere.

Ziel dieses Buches

Mit dem Wissen über die gepflegten Tiere, eine artgerechte Haltung und vorbeugende Maßnahmen wie Hygiene, Quarantäne und Parasitenbekämpfung kann sehr vielen Krankheiten vorgebeugt werden. Deshalb wendet sich dieses Buch an Reptilienhalter und solche, die es werden wollen. Es liefert Ihnen alle Informationen, um Fehler bei der Haltung zu vermeiden, Krankheiten vorzubeugen bzw. diese bei Ausbruch schnell zu erkennen und entsprechende Maßnahmen

ergreifen zu können. Nur unter diesen Voraussetzungen können Reptilien erfolgreich über Jahre hinweg gehalten und auch nachgezüchtet werden. Eine Anleitung zur Selbstbehandlung von Reptilien und Medikamentendosierungen werden Sie in diesem Buch nicht finden. Auch von einem auf Reptilien spezialisierten Tierarzt kann in den meisten Fällen eine genaue Diagnose der Krankheitsursache nicht anhand einiger Symptome, sondern nur mittels präziser Diagnostik (◉ Diagnose, S. 60) gestellt werden. Nur wenn die richtige Diagnose gestellt worden ist, kann auch eine gezielte Therapie den erwünschten Erfolg bringen.

INFO

Seit wann es Reptilien gibt
Reptilien traten im Verlauf der Erdge-
schichte erstmals vor ca. 260 Millionen
Jahren mit einer sehr großen Artenvielfalt
auf. Die Blütezeit erfuhren sie vor 200 bis
60 Millionen Jahren. Zu Beginn des Ter-
tiärs (67–2 Millionen Jahren) starben viele
Reptiliengruppen wieder aus. Schildkröten, deren Bauplan sich während der Evolution kaum veränderte, bevölkern die
Erde schon seit 180 Millionen Jahren.

Was sind Reptilien?

Reptilien stellen eine Wirbeltierklasse mit
etwa 7000 verschiedenen Arten dar. Mit Ausnahme der Antarktis und Grönlands sind
Reptilien weltweit verbreitet und besiedeln
die verschiedensten Lebensräume wie z.B.
Regen-, Trocken- und Nebelwälder, Wüsten,
Savannen, Gewässer und Meere. Die Größe
kann je nach Art von wenigen Zentimetern
bis zu neun Metern (Riesenschlangen und
Krokodile) variieren.

Wechselwarme Tiere
Ein Merkmal, das Reptilien von Säugetieren
und Vögeln abgrenzt, ist ihre Abhängigkeit
von der Außentemperatur (Poikilothermie).
Solche sog. wechselwarmen Tiere sind auch
Fische und Amphibien. Dieses Unvermögen,
eine hinreichend hohe innere Stoffwechselwärme zu erzeugen, um eine konstante Körpertemperatur zu halten, muss bei der Terra-
rienhaltung berücksichtigt werden. Nur in
Ausnahmefällen können einige Reptilien
genügend Stoffwechselwärme erzeugen, um
ihre Körpertemperatur über einen begrenzten
Zeitraum anzuheben. Das ist beispielsweise
bei weiblichen Pythons während der Eier-
bebrütung der Fall. Wegen des Angewiesen-
seins auf die Umgebungstemperatur können
Reptilien in kälteren Klimata nur eingeschränkt leben und sich fortpflanzen. Daher
finden Reptilien in den tropischen und gemäßigten Zonen ihre größte Verbreitung.

Reptilienordnungen
Die Klasse der Reptilien wird in vier
Ordnungen eingeteilt:
▶ Schildkröten (Testudines)
▶ Panzerechsen (Crocodylia)
▶ Eigentliche Schuppenkriechtiere
(Squamata), umfasst Unterordnungen der
Echsen (Sauria) und Schlangen (Serpentes)
▶ Brückenechsen (Rhynchocephalia)

Diamantschildkröten (Malaclemys terrapin) sind attraktive Pfleglinge mit besonderen Ansprüchen: Ein großer Wasserteil, dem etwas Salz zugefügt wird, und ein Landteil müssen vorhanden sein.

Gewicht von Schildkröten

Manche Riesen- und Meeresschildkröten können ein beachtliches Gewicht von rund 400 kg erreichen. Die meisten Arten bleiben aber wesentlich kleiner und weisen ein Gewicht deutlich unter 1 kg auf.

Schildkröten

KÖRPERBAU Die Ordnung der Schildkröten, die ca. 250 Arten umfasst, weist einen Panzer auf, der in Karapax (Rückenschild) und Plastron (Bauchschild) unterteilt wird. Plastron und Karapax sind an den Seiten jeweils durch eine knöcherne Brücke miteinander verbunden. Einige Arten wie Dosenschildkröten (*Terrapene sp.*) oder Scharnierschildkröten (*Cuora sp.*) können aufgrund gelenkig verbundener Nähte den Panzer dicht verschließen, nachdem sie Kopf und Extremitäten eingezogen

haben. Schildkröten werden in die Unterordnungen Halsberger- und Halswenderschildkröten eingeteilt. Die Halsberger (*Cryptodira*), zu denen der größte Teil der Schildkrötenarten zählt, können ihren Hals durch s-förmige Krümmung in den Panzer zurückziehen. Die Halswenderschildkröten (*Pleurodira*) ziehen ihren Hals nur in waagerechter Ebene seitlich in den Panzer ein.

LEBENS- UND ERNÄHRUNGSWEISE Je nach Art ist die Lebensweise terrestrisch (auf dem Land lebend), amphibisch (land- und wasserbewohnend) oder aquatil (fast ausschließlich im Wasser lebend). Die Ernährungsweise variiert stark je nach Artzugehörigkeit. Sie kann von karnivor (Fleisch fressend), über omnivor (Fleisch- und Pflanzen fressend) bis hin zu herbivor (Pflanzen fressend) reichen. Alle Schildkröten legen Eier, die je nach Art eine feste oder flexible Schale besitzen.

Als stark ans Wasser gebundene Reptilienart brauchen Krokodilschwanz-Höckereidechsen (Shinisaurus crocodilurus) einen ausreichend großen Wasserteil.

Schuppenkriechtiere

Echsen

Echsen sind mit etwa 3000 Arten auf der Erde vertreten. Dazu zählen z.B. Geckos, Leguane, Agamen, Chamäleons, Glattechsen, Echte Eidechsen, Gürtelechsen, Schleichen, Warane und die giftigen Krustenechsen.

DIE GRÖSSE von Echsen kann wenige Zentimeter (bei einigen Geckos) bis hin zu mehreren Metern (bei Waranen) betragen.

KÖRPERBAU Viele Arten besitzen Hautanhänge wie z.B. Kämme, Kehllappen, Nacken- und Rückenstacheln, die bei männlichen Tieren oft besonders stark ausgeprägt sind, ebenso wie Femoral- oder Präanalporen. Sie dienen zur Revierkennzeichnung. Die meisten Geckos und Anolis besitzen Haftlamellen an den Zehen, die sie befähigen, an senkrechten oder überhängenden Wänden zu laufen. Bei einigen Skink- und Schleichenarten sind die Beine reduziert oder fehlen ganz. Die Augen sind meist sehr gut ausgeprägt, können jedoch bei grabenden und unterirdisch lebenden Arten stark zurückgebildet sein. Bei allen Geckos mit Ausnahme der Lidgeckos sind die Lider zu einer sog. „Brille" verwachsen. Bei Chamäleons sind die Lider zu einer Halbkugel verwachsen und umschließen das sehr bewegliche Auge, sodass nur in der Mitte eine runde Öffnung vorhanden ist.

ERNÄHRUNG Unter den Echsen finden sich karnivore, omnivore und herbivore Arten.

Schlangen

Die Schlangen, die etwa 3000 Arten aufweisen, können in Nattern, Riesen- und Giftschlangen eingeteilt werden. Nattern stellen mit ca. 1800 Arten den größten Anteil. Nur etwa 20 % der Schlangenarten gehören zu den eigentlichen Giftschlangen.

GRÖSSE Während die zu den Riesenschlangen gehörigen Anakondas bis zu 9 m Länge erreichen können, gibt es auch einige klein bleibende Arten unter den Riesenschlangen, wie z.B. Zwergboas mit unter 1 m Länge. Auch die beliebten Königspythons sind ausgewachsen deutlich kleiner als 2 m.

KÖRPERBAU Manche Riesenschlangenarten weisen noch Beckenrudimente in Form von Afterspornen auf. Die Wirbelsäule zeichnet sich durch ihre Beweglichkeit sowie eine hohe Anzahl an Wirbeln (200–300 Stück) aus. Fast alle inneren Organe sind entspre-

Alligatoren sind Vertreter der Panzerechsen und besitzen eine kurze, stumpf auslaufende Schnauze.

chend der Körperform lang gestreckt. Die linke Lunge ist bei vielen Arten reduziert oder fehlt völlig. Die Augen sind von der „Brille" bedeckt, die durch die verwachsenen Lider gebildet wird. Schlangen häuten sich, wobei das sog. „Natternhemd" in einem Stück abgestreift wird. Etwa eine Woche vor der Häutung wird die Brille trüb. Während dieser Zeit ist die Schlange meist wenig aktiv und nimmt dann auch keine Nahrung zu sich.

ERNÄHRUNG Schlangen sind ausnahmslos karnivor, wobei einige Nahrungsspezialisten bekannt sind. Zum Beispiel gibt es die Schnecken fressende Schneckennatter (*Dipsas indicus*), die Eier fressende Afrikanische Eierschlange (*Dasypeltis scabra*), die Insekten fressende Grasnatter (*Opheodrys aestivus*) und die Schlangen fressende Königskobra (*Ophiophagus hannah*).

FORTPFLANZUNG Pythonspezies sind Eier legend (ovipar), während Boas lebend gebärend (ovovivipar) sind. Nattern sind mit einigen Ausnahmen (wie z.B. Strumpfbandnattern) Eier legend.

Panzerechsen

Die Ordnung der Panzerechsen umfasst Krokodile, Kaimane, Alligatoren und Gaviale. Sie weist 27 rezente, d.h. momentan auf der Erde lebende, Arten auf.

KÖRPERBAU Panzerechsen sind an das Wasser gebunden und besitzen einen seitlich abgeplatteten Ruderschwanz. Die Schnauze kann kurz und stumpf auslaufen (Alligatoren, Kaimane), länglich (Krokodile) oder schmal und extrem lang sein (Gaviale). Bei den Krokodilen ist der vierte Unterkieferzahn bei geschlossenem Maul sichtbar, bei den Alligatoren, Kaimanen und Gavialen jedoch nicht. Die bis zu 4,5 m langen Alligatoren und die bis zu 2 m langen Kaimane leben in Amerika und Südchina, die bis zu 6 m langen Gaviale in Indien und die bis zu 9 m langen Krokodile weltweit in tropischen Gewässern. Nur eine Art, die Salzwasserkrokodile Australiens, besiedelt auch Meeresküsten. Alle anderen Arten sind nur im Süßwasser zu finden.

ERNÄHRUNG Panzerechsen sind karnivor und ernähren sich von Fischen und warmblütigen Beutetieren. Gaviale sind reine Fischfresser.

Brückenechsen

Die Ordnung der Brückenechsen umfasst nur noch eine rezente Art, die Tuatara in Neuseeland. Sie ist eine erdgeschichtlich sehr alte Reptilienordnung, da sie seit mehr als 220 Millionen Jahren auf der Erde existiert. Ihren Namen erhielten die Brückenechsen aufgrund der zwei Knochenbrücken über dem Schläfenfenster.

Die Augentrübung bei dieser Boa constrictor ist kein Krank-
heitszeichen, sondern vor der Häutung normal.

Die Anatomie von Reptilien

Die Reptilienhaut

Die Reptilienhaut besteht aus drei Schichten:
Oberhaut (Epidermis), Lederhaut (Dermis)
und Unterhaut (Subcutis). Ihre Farbe wird
v.a. von Pigmentzellen bestimmt. Die äußerste Schicht der Reptilienhaut wird aus
Schuppen aus Keratin gebildet. Manche
Bereiche können verstärkt sein und Warzen
oder Kämme bilden. Bei einigen Reptilien,
z.B. Panzerechsen und Krustenechsen, entwickeln sich kleine Knochen in der Haut
unmittelbar unter der Oberfläche. Diese
Hautknochen (Osteodermen) verstärken die
Haut und senken die Wasserverdunstung.
HÄUTUNG Da Reptilien lebenslang wachsen,
muss regelmäßig eine Häutung erfolgen. Dabei werden die oberen Schichten der mehr-
schichtigen Epidermis abgestoßen und er-
neuert. Bei Schlangen erfolgt sie im Ganzen,
bei Echsen meist in Fetzen. Bei Schildkröten
werden die obersten Hornschichten der Pan-
zerplatten abgestoßen.

Die inneren Organe

Der Aufbau und die Funktion innerer Organe
entspricht bei Reptilien weitgehend denen
anderer Wirbeltiere. Die meisten Schlangen
weisen jedoch nur noch eine Lunge auf.
DAS HERZ der Reptilien besteht mit Ausnahme der Krokodile, die eine vollständig ge-
trennte Hauptkammer aufweisen, aus ledig-
lich drei Kammern: zwei Vorhöfen und einem
unvollkommen geteilten Ventrikel (Hauptkammer). Allerdings wird das Blut so gelei-
tet, dass sich das sauerstoffreiche arterielle
Blut mit dem sauerstoffarmen Blut nur mini-
mal vermischt.
VERDAUUNGSTRAKT Auch wenn sich unter
den Reptilien im Laufe der Evolution zahlreiche Nahrungsspezialisten herausgebildet
haben, ähnelt der Verdauungstrakt dem der
Säuger. Dabei ist analog zu den Säugetieren
der Darm bei Pflanzenfressern deutlich länger als bei Fleischfressern. Ein wesentliches
Merkmal der Reptilien ist jedoch die Kloake,

Fortpflanzung

Bei Reptilien erfolgt die Fortpflanzung mittels innerer Befruchtung. Dafür besitzen männliche Schildkröten und Krokodile einen Penis, Echsen und Schlangen zwei so genannte Hemipenisse. Neben oviparen (Eier legenden) Reptilien, die die Mehrzahl bilden, gibt es auch ovovivipare Reptilienspezies. Bei ihnen entwickeln sich die Jungtiere in den Eiern im Mutterleib. Die Jungen schlüpfen vor der Geburt und kommen als kleine Ebenbilder der Eltern auf die Welt.

Vorsicht! Mit ihren Kiefern zerkleinert diese Geierschildkröte nicht nur die Nahrung, sondern sie kann auch empfindlich zubeißen.

durch die nicht nur die Endprodukte der Verdauung, sondern auch Harn und Geschlechtsprodukte abgegeben werden. Reptilien aus aquatilen oder feuchten Habitaten scheiden die stickstoffhaltigen Endprodukte als Ammoniak oder häufiger als Harnstoff aus. Reptilien aus trockenen Gebieten, die Wasser sparen müssen, scheiden diese in Form von Harnsäure oder deren Salzen, den Uraten aus, die dann den weißen pastösen Urin bilden.

HARNBLASE Nur Schildkröten und ein großer Teil der Echsen besitzen eine Harnblase. Sie übernimmt nicht nur die Speicherung des Harns, sondern kann auch Wasser und bestimmte Ionen resorbieren und dem Körper wieder zuführen. Dies ist daher möglich, da die Niere bei Reptilien den Harn nicht konzentrieren kann. Bei Reptilien, die keine Harnblase besitzen, übernimmt die Kloakenschleimhaut diese Funktion.

Die Sinnesorgane

DIE AUGEN sind ähnlich wie Augen von Säugetieren aufgebaut, weisen jedoch besondere Strukturen auf. Die Lider sind bei Schlangen und einigen Echsen zu einer durchsichtigen Brille verwachsen, die mitgehäutet wird. Das Sehvermögen ist bei den verschiedenen Reptilienarten unterschiedlich ausgeprägt. Während bei im Erdboden lebenden Tieren (z.B. Doppelschleichen) die Sehfähigkeit stark reduziert ist, sind die meisten Reptilien fähig, Bewegungen wahrzunehmen. Tagaktive Reptilien erkennen auch Farben. Chamäleons besitzen aufgrund ihrer beweglichen Augen ein Sehfeld von 360°, also quasi

Drei Augen?
Viele Echsen weisen zwischen den beiden Augen auf dem Schädeldach noch ein so genanntes drittes Auge (Parietal- oder Scheitelauge) auf. Die Funktion ist nicht ganz geklärt. Es wird allgemein angenommen, dass es der Lichtwahrnehmung dient und außerdem eine Rolle bei der Bildung bestimmter Hormone spielt.

Chamäleons können ihre Augen unabhängig voneinander bewegen. Dadurch besitzen sie ein Sehfeld von 360°.

einen „Rundumblick". Während Schildkröten und Echsen wie Säugetiere die Scharfstellung auf ein Objekt durch eine verschieden starke Krümmung der Linse durch Muskeln erreichen, erfolgt dies bei Schlangen durch ein Verschieben der Linse nach vorne oder hinten.
GEHÖR Als Hörorgan dient ein äußerlich gelegenes Trommelfell, das die Töne em-

pfängt und über Gehörknöchelchen an das Innenohr weiterleitet. Da aber vielen Reptilien ein Trommelfell fehlt oder es wie bei Schildkröten von der Haut überwachsen ist, können sie Töne aus der Luft nur eingeschränkt wahrnehmen. Hier sind die inneren knöchernen Strukturen oft so verändert, dass sie Schwingungen über andere Körpergewebe aufnehmen. V.a. Schlangen und Schildkröten nehmen geringste Bodenerschütterungen über die Körperunterseite wahr.
GERUCHS- UND GESCHMACKSSINN sind bei Reptilien unterschiedlich gut entwickelt. Das wichtigste Organ zur Geruchswahrnehmung ist das Vomeronasalorgan (auch Jacobsonsches Organ genannt), das sich am Munddach befindet. Bei Waranen und Schlangen, die eine weit vorstreckbare Zunge besitzen, nimmt die Zunge die Geruchsreize auf. Sie werden über die Zungenspitze(n) dem Jacobsonschen Organ zugeführt. Einige Schlangen besitzen im Oberkieferbereich ein so genanntes Grubenorgan, mit dem sie Temperaturunterschiede in der Umgebung und damit auch Beutetiere wahrnehmen können.

Leopardgeckos (Eublepharis macularius) **sind nicht zu anspruchsvolle Terrarienpfleglinge und daher auch für Anfänger geeignet.**

Profunde Kenntnisse der Haltungsansprüche der gepflegten Art sind eine Grundvoraussetzung zur erfolgreichen Haltung von Reptilien. Sie sollten vor dem Kauf der Tiere erworben werden, um Haltungsfehler zu vermeiden.

Das Terrarium

Größe

Je nachdem, ob die zu pflegende Reptilienart boden- oder baumbewohnend ist, sollten Länge, Breite und Tiefe des Terrariums entsprechend angepasst sein. Für bodenbewohnende Arten wie Landschildkröten muss die Grundfläche möglichst groß sein, während die Höhe des Terrariums kaum eine Rolle spielt. Anders sieht es bei überwiegend baumbewohnenden Reptilien, z.B. Anolis oder Baumpythons, aus. Hier ist ein hohes

Terrarium erforderlich. Prinzipiell gilt, dass ein Terrarium nicht groß genug sein kann. Terrarientiere neigen bei guter Fütterung zu Verfettung, was durch eine beschränkte Möglichkeit zur Bewegung noch verstärkt wird. Bedenken Sie auch, dass kleine Jungtiere eine riesige Endgröße haben können.

MINDESTABMESSUNGEN für die jeweils gehaltene Art finden Sie in dem „Gutachten über die Mindestanforderungen an die Haltung von Reptilien". Es wurde vom Bundesministerium für Ernährung, Landwirtschaft und Forsten in Bonn herausgegeben und ist dort erhältlich (◉ Adressen, S. 119).

Belüftung

Bei Tieren mit hohem Frischluftbedürfnis, wie z.B. den meisten Chamäleons, muss der Behälter große Lüftungsflächen aufweisen oder sollte ganz aus Drahtgaze bestehen. Bei

Das Terrarium muss unbedingt ausbruchsicher sein. Sonst klettern flinke Tiere wie dieser Helmbasilisk schnell davon.

einem geschlossenen Behälter, wie es ein handelsübliches Glasterrarium darstellt, müssen unbedingt zwei ausreichend große Lüftungsflächen, die mit Gaze oder Aluminiumblech bespannt sind, vorhanden sein. Diese Lüftungsflächen sollten stets versetzt zueinander liegen, damit keine Zugluft, die für Reptilien schädlich ist, auftreten kann. Stehende, stickige Luft führt zu einer geringeren Vitalität der Tiere und durch die ständige Reizung der Schleimhäute zu einer erhöhten Anfälligkeit für Erkrankungen des Atemtraktes. Bei unzureichender Belüftung beginnen Bodengrund und Einrichtungsgegenstände außerdem schnell zu schimmeln, was sich ebenfalls negativ auf die Gesundheit der Terrarienpfleglinge auswirkt.

INFO

Ausbrüche verhindern

▶ **DRINNEN** Die Tiere dürfen nicht entweichen können. In der Regel wird die Fähigkeit, Hindernisse zu überklettern oder sich durch engste Spalten zu quetschen, unterschätzt! V.a. Schlangen sind in der Lage, nicht korrekt verschlossene Terrarienscheiben aufzuschieben und zu verschwinden. Daher sollte, nicht zuletzt auch um ein unbefugtes Öffnen des Terrariums zu verhindern, eine Sicherung wie z.B. ein Terrarienschloss angebracht sein.

▶ **DRAUSSEN** Auch Freigehege müssen gesichert sein. Dabei ist zu beachten, dass viele Schildkröten klettern und graben können. Die Einfriedung eines Freigeheges sollte daher je nach Art, Grabfreudigkeit und Größe 30–100 cm tief über und in den Boden reichen. Damit wird auch das Eindringen von potentiellen Räubern, z.B. Ratten, verhindert.

Europäische Landschildkröten, wie diese Griechische Landschildkröte, sollten von Frühjahr bis Herbst im Freigehege
gehalten werden.

Das Freigehege

Europäischen Landschildkröten sollte während der Sommermonate unbedingt ein Freigehege zur Verfügung stehen, da nur so eine
Versorgung mit ungefiltertem Sonnenlicht
möglich ist. Außerdem wirken die Klima-
schwankungen positiv auf den Schildkröten-
organismus, während die Tiere unter den
relativ konstanten Terrarienbedingungen
schnell verweichlichen. Auch für andere Reptilien ist bei entsprechend warmer Witterung
ein Aufenthalt im Freien sehr empfehlenswert. In speziellen Gazekäfigen oder Vogel-
volieren können sie stundenweise ins Freie
gestellt werden, wobei jedoch darauf zu achten ist, dass auch Schattenplätze vorhanden
sind bzw. ein Teil des Behältnisses abge-
schattet wird, sodass es nicht zu einer Überhitzung der Tiere kommen kann.

Kälte- und Regenschutz

Schutzvorrichtungen gegenüber kühler Witterung sollten in einem Schildkrötengehege
nicht fehlen. Besonders bewährt haben sich
Frühbeete aus Glas, die mit etwas Stroh zum
Verkriechen versehen werden. Sollten sich
kleinere Schildkröten im Freigehege befin-

den, sollte eine Abdeckung mit Drahtgaze
erfolgen, um Räuber wie Krähen abzuhalten.
Freigehege sollten auch eine Drainage aufweisen, damit die Tiere bei starken und/oder
anhaltenden Regenfällen nicht ertrinken.

Sumpf- und Wasserschildkröten

Auch für viele Sumpf- und Wasserschildkröten stellt eine Freiland-Teichanlage eine ide-
ale Haltungsform dar. Trotz anders lautender
Empfehlungen ist eine ganzjährige Freiland-
haltung von Wasser- und Sumpfschildkröten
in unseren Breiten ohne besondere techni-
sche Einrichtungen, wie z.B. eine Heizung
oder Überdachung, allerdings nicht möglich.
Eine Ausnahme stellt die Europäische
Sumpfschildkröte (*Emys orbicularis*) dar. Auch
die Freilandteiche müssen von einer flucht-
sicheren Umzäunung umgeben sein, da die
meisten Sumpf- und Wasserschildkröten
nicht unbedingt an dem ihnen zugedachten
Gewässer bleiben wollen. Bei Besiedelung
natürlicher Gewässer kann dies zur Faunen-
verfälschung mit entsprechenden negativen
Auswirkungen für unsere einheimischen
Fische und Amphibien führen.

Ein Python-Weibchen bewacht aufmerksam ihr Gelege. Zu einer artgerechten Einrichtung gehört unbedingt ein geeigneter Eiablageplatz.

Die Einrichtung

Bodengrund

Er dient zur Aufnahme der Exkremente, gibt den Tieren Halt beim Laufen und ist nicht zuletzt auch ein Element der Dekoration. Für am oder im Boden lebende Arten stellt er gleichzeitig auch eine Versteckmöglichkeit dar. Er sollte für sie ausreichend hoch eingebracht werden, damit sich die Tiere komplett eingraben können. Für Landschildkröten eignen sich Gartenerde oder ausgestochene Rasenstücke als Bodengrund im Terrarium am besten. Für Schlangen und Echsen aus trockenen Gebieten können unbehandelte Buchenholzstückchen, die als so genanntes „Räuchergold" im Metzgereizubehörbedarf erhältlich sind, verwendet werden. Für Reptilien, die eine höhere Luftfeuchte benötigen, eignet sich dieses Material weniger, da es leicht schimmelt. Hier können Rindenmulch oder Kokosfasern eingesetzt werden. Dabei ist darauf zu achten, dass diese weder mit Insektiziden behandelt worden sind, noch

Düngemittel zugesetzt wurden. Sand oder Kies wird zwar von vielen Terrarianern gerne verwendet, ist aber der für Terrarientiere am wenigsten geeignete Bodengrund. Er kann vor allem bei Kalzium- oder Raufasermangel der Tiere in so starkem Maße aufgenommen werden, dass tödliche Verstopfungen die Folge sind. Sehr feiner Sand kann auch Augenprobleme verursachen.

Eiablage

Befinden sich erwachsene Weibchen im Terrarium, sollte bei Eier legenden Arten eine Eiablagemöglichkeit vorhanden sein, um einer Legenot vorzubeugen. Für viele Reptilienarten genügt es, den Bodengrund hoch aufzuschütten. Für manche Arten wie z.B. Grüne Leguane müssen spezielle Eiablagemöglichkeiten zur Verfügung gestellt werden. Über die jeweiligen Bedürfnisse der gepflegten Art sollte man sich in der Spezialliteratur informieren.

Stirnlappenbasiliske (Basiliscus plumifrons) brauchen Äste zum Klettern.

Einrichtungsgegenstände

▸ **VERSTECKMÖGLICHKEITEN** Für jedes Tier im Terrarium sollten mindestens eine, besser zwei Versteckmöglichkeiten angeboten werden. Wenn nicht jederzeit die Möglichkeit zum Rückzug vor einem menschlichen Betrachter oder einem dominanten Mitbewohner des Terrariums besteht und das Tier quasi permanent auf dem Präsentierteller steht, entsteht ein enormer Stress. Dieser wirkt sich negativ auf die Immunabwehr des Tieres aus, sodass leicht Infektionen mit eventuell tödlicher Folge auftreten können. Als Versteckmöglichkeiten eignen sich Korkrindenstücke, halbierte Kokosnussschalen, Steinaufbauten, halbierte Blumentöpfe sowie künstliche Versteckhöhlen aus dem Zoofachhandel.

▸ **KLETTERN** Für Reptilienarten, die gerne klettern, sollten Äste im Terrarium nicht fehlen. Auch Liegeflächen, die erhöht im Terrarium angebracht werden, werden von vielen Tieren gerne angenommen.

▸ **PFLANZEN** Zur Dekoration können echte Pflanzen eingesetzt werden. Allerdings können auch rein Fleisch fressende Arten wie Schlangen Pflanzen durch ihr Körpergewicht und ihre Exkremente beschädigen. Daher sind bei den meisten Terrarien künstliche Pflanzen zu bevorzugen. Sie können zudem leicht gesäubert werden und sind im Krankheitsfall einfach zu desinfizieren.

Die Temperatur

Da der überwiegende Teil der Terrarienpfleglinge aus subtropischen und tropischen Habitaten stammt, ist für eine entsprechend hohe Temperatur im Terrarium zu sorgen. Zum optimalen Ablauf der Stoffwechselfunk-

Wasser- und Landteil für Wasserschildkröten

Bei Wasserschildkröten sollte neben einem entsprechend großen Wasserteil auch ein Landteil vorhanden sein, auf dem die Tiere Sonnenbäder unter einem dafür installierten Strahler nehmen können. Dabei ist der Landteil so groß zu gestalten, dass alle Tiere gleichzeitig an Land sitzen können. Werden erwachsene Weibchen gehalten, muss der Landteil mittels einer entsprechend hohen Sand-Erde-Schicht auch die Möglichkeit zur Eiablage bieten, um einer Legenot vorzubeugen.

Dornschwanzagamen (Uromastyx sp.) benötigen künstliche Sonnenplätze, um auf die richtige „Betriebstemperatur" zu kommen.

tionen benötigen Reptilien eine gewisse „Betriebstemperatur". Sie liegt je nach Herkunft einer Art zwischen 20 und 38 °C. Der Stoffwechsel eines Reptils wird bei zu niedrigen Temperaturen reduziert, sodass es beispielsweise zu Verdauungsstörungen kommen kann. Zu niedrige Temperaturen in einem Terrarium führen auf Dauer außerdem zu einer Schwächung des Immunsystems und somit zu einer erhöhten Anfälligkeit gegenüber Infektionen verschiedenster Art.

TEMPERATURGEFÄLLE ERZEUGEN Für die nötige Temperatur sollte neben einer primären Heizung (z.B. einer Heizmatte oder einem Heizkabel) stets auch eine sekundäre Heizquelle wie z.B. ein Spotstrahler vorhanden sein, um ein gewisses Temperaturgefälle im Terrarium zu schaffen. Ein Reptil muss als wechselwarmes Tier stets einen Platz mit dem gerade bevorzugten Temperaturbereich aufsuchen können. Dementsprechend sollte auch ein Heizkabel oder eine Heizmatte nicht unter der gesamten Bodenfläche des Terrariums verlegt werden. Heizstrahler entsprechen mehr den natürlichen Gegebenheiten, da die Wärme von oben kommt und viele Reptilien einer Überhitzung durch Eingraben in den Bodengrund bzw. Aufsuchen von Erdhöhlen entgehen. Normalerweise wird es also umso kühler, je tiefer sie sich eingraben. Bei Heizmatten oder -kabeln, die unter dem Terrarium verlegt sind, wird es jedoch mit zunehmender Tiefe immer wärmer. Ob dies negative Effekte auf die Terrarienbewohner besitzt, ist nicht bekannt.

VERBRENNUNGEN VORBEUGEN Wichtig ist die sichere Anbringung der Wärmequellen bzw. das Umgeben mit einem Schutzkorb, sodass die Pfleglinge auf keinen Fall in unmittelbare Nähe oder gar in Kontakt mit diesen kommen können. Leider sind Verbrennungen bei Reptilien häufig zu diagnostizieren!

NACHTS KÜHLER Für viele Reptilien wie z.B. die meisten Wüstenbewohner oder Tiere aus subtropischen oder gemäßigten Gegenden ist eine Nachtabsenkung erforderlich, die zum Wohlbefinden der Tiere auch unter Terrarienbedingungen nachgeahmt werden sollte. Meistens genügt dazu schon das Abschalten von Heizvorrichtungen während der Nacht, was problemlos durch Zeitschaltuhren bewerkstelligt werden kann.

Hundskopfschlinger (Corallus caninus) benötigen eine hohe Luftfeuchte. Sie sind sehr anspruchsvolle Pfleglinge.

Die Luftfeuchtigkeit

Je nachdem, aus welchen klimatischen Gegebenheiten die Reptilienart stammt, muss die Luftfeuchte angepasst werden. Eine Erhöhung der Luftfeuchte kann durch Sprühen, Wasserläufe im Terrarium, beheizte Wasserbecken und Ultraschallvernebler erfolgen. **UNTERSCHIEDLICHE BEDÜRFNISSE** Prinzipiell benötigen Regenwaldbewohner wie z.B. Baumpythons fast durchgehend eine hohe Luftfeuchte, während Wüstenbewohner, z.B. Dornschwanzagamen oder Bartagamen, eine niedrige Luftfeuchte benötigen. Allerdings ist auch bei Wüstentieren ein morgendliches Sprühen nötig, um den Morgentau – er entsteht durch die nächtliche Temperaturabsenkung – nachzuahmen. Viele Reptilien, insbesondere Echsen, trinken kaum aus Wassernäpfen, sondern lecken Wassertropfen von der Terrarienwand und -einrichtung ab.

Bei zu niedriger Luftfeuchte kommt es häufig zu Häutungsstörungen, vor allem bei Schlangen, in manchen Fällen auch zu Infektionen der Lunge. Eine zu hohe Luftfeuchtigkeit führt bei Reptilien aus trockenen Gegenden zu Hautproblemen, besonders zu Infektionen mit Bakterien oder Pilzen.

„WET-BOX" Die Terrarienbewohner sollten neben verschiedenen Temperaturbereichen auch verschieden feuchte Bereiche im Terrarium aufsuchen können. Bewährt hat sich hier bei Echsen und Schlangen die so genannte „Wet-Box", eine Plastikbox, in die ein Loch hineingeschnitten wurde und die je nach Größe 2–10 cm hoch mit feuchtem Moos, Kokosfasern oder Erde gefüllt ist. Speziell Schlangen, die ungern baden, suchen vor allem vor der Häutung diese „Wet-Box" gerne auf und häuten sich dann problemlos.

Kein Glas zwischen UV-Licht und Tieren
Zwischen der UV-Lichtquelle und den Tieren darf keine Glasscheibe vorhanden sein, da Glas UV-Strahlung fast komplett schluckt. Daher nützt es auch nichts, Terrarien in Fensternähe aufzustellen oder die Tiere im Glasterrarium nach draußen zu stellen. Außerdem können die Bewohner eines in die Sonne gestellten Terrariums sehr schnell an einem Hitzschlag sterben.

Durch einen Vernebler kann eine hohe Luftfeuchtigkeit im Terrarium erreicht werden.

Die Beleuchtung

Während bei nachtaktiven Reptilien (z.B. vielen Geckos und Schlangen) in der Regel eine 12-stündige Beleuchtung mittels Leuchtstoffröhren ausreicht, benötigen tagaktive Reptilien wie ein großer Teil der Echsen und alle Landschildkröten eine wesentlich höhere Beleuchtungsintensität. Gerade für lichthungrige Wüstenbewohner sollte zumindest für mehrere Stunden am Tag ein HQL- oder HQI-Strahler brennen, sodass sie ausgedehnte „Sonnenbäder" nehmen können.
UV-LICHT Dabei ist auch ein UV-Licht-Anteil zur Prophylaxe von Erkrankungen des Knochenskeletts erforderlich, ja lebensnotwedig. Leuchtstoffröhren mit UV-Anteil und/oder spezielle UV-Lampen, wie z.B. der bewährte Osram-Ultra-Vita-Lux-Strahler, können für

20 Minuten am Tag mit einem Abstand von 80 cm zu den betreffenden Tieren eingesetzt werden. Leuchtstoffröhren mit UV-Anteil sollten bei täglichem Gebrauch alle 6 Monate ausgetauscht werden, da der UV-Anteil permanent abnimmt und nach etwa einem Jahr praktisch bei null liegt. Eine zu lange oder zu intensive Bestrahlung sollte vermieden werden, auch wenn die in der Literatur oft zitierten Augenschäden durch zu intensive UV-Bestrahlung bei Tieren, die für Stunden unter der UV-Lampe vergessen wurden, selbst noch nicht festgestellt werden konnten. Obwohl eine Erkrankung an Rachitis bei den meisten Terrarientieren durch die Gabe von Vitamin D3 und Kalzium über das Futter auch ohne UV-Licht vermieden werden kann, sollte man tagaktiven Reptilien dennoch eine UV-Bestrahlung zukommen lassen. Diese wirkt sich sehr positiv auf das Wohlbefinden, die Vitalität und den Hormonhaushalt der Reptilien aus. Ultraviolette Strahlen stimulieren zudem auch den Appetit und die Fortpflanzung der Tiere.

Pflanzenfresser füttern

- **EINMAL PRO TAG** füttern (in der Regel).

- **ZEITPUNKT** Tagaktive Tiere morgens füttern.

- **ABWECHSLUNGSREICHE KOST** Nicht nur Salat, sondern v.a. verschiedene Wildkräuter (Löwenzahn, Vogelmiere, Wegerich, etc.) und Gemüse.

- **OBST** Nur wenig als Leckerbissen. Wegen des hohen Zuckergehaltes sind Fehlgärungen und Verdauungsstörungen möglich.

- **KEIN FERTIGFUTTER** mit hohem Proteingehalt füttern, v.a. nicht an Landschildkröten. Auf keinen Fall tierische Proteine (z.B. Hunde- oder Katzenfutter oder Fleisch) an herbivore Reptilien verfüttern. Dadurch kann es zu einem erhöhten Anfall von Harnsäure kommen, der schließlich zur tödlich verlaufenden Organ- und Gelenkgicht führt!

- Als **KALZIUMQUELLE** eine Sepiaschale anbieten. Daran können die Tiere herumknabbern und gleichzeitig ihren Hornschnabel kürzen.

- **BALLASTSTOFFE** und **ROHFASERN** in Form von Heu sind wichtig, v.a. für Landschildkröten. Auch sollten nicht nur zarte Blättchen, sondern auch harte Stängel und Strünke als Futter angeboten werden, da diese mehr Vitamine und Mineralstoffe enthalten als z.B. zarte Salatherzen.

Richtiges Füttern hält gesund!

Eine ausgewogene und abwechslungsreiche Fütterung bildet die Grundlage für eine erfolgreiche Haltung und eventuelle Nachzucht der Terrarientiere. Leider werden bei der Fütterung die meisten Fehler gemacht.

Die richtige Menge füttern

Zu reichliche Fütterung in Verbindung mit dem beschränkten Raum eines Terrariums kann zu Verfettung mit Todesfolge führen. Sehr viele Terrarienpfleglinge leiden unter einer Fettleber. Die meisten Reptilien sind darauf programmiert, in Zeiten mit reichlichem Nahrungsangebot so viel Futter wie möglich aufzunehmen, um Fettreserven anzulegen, die das Überleben in Zeiten mit Futtermangel sichern. Da die meisten Terrarianer eher dazu neigen, ihre Tier zu überfüttern – ist eine Ablagerung bei Reptilien meist nicht auf zu geringe Fütterung zurückzuführen, sondern auf einen Parasitenbefall oder eine andere Infektion. Wenn aber die falsche Nahrung angeboten wird, können ausgesprochene Nahrungsspezialisten – z.B. die Krötenechsen, die nur Ameisen fressen, oder auf Reptilien spezialisierte Schlangen, wie z.B. der Baumschnüffler – bei mangelnder Kenntnis des Besitzers tatsächlich verhungern.

Allesfresser

Bei omnivoren Reptilien, also solchen, die pflanzliche und tierische Nahrung aufnehmen, ist eine abwechslungsreiche Ernährung wichtig. Fleisch fressende (karnivore) Reptilien sollten ganze Futtertiere erhalten, da dann

Europäische Landschildkröten sollten ausschließlich vegetarisch ernährt werden.

kaum Mangelerscheinungen zu erwarten sind. Eine überwiegende oder ausschließliche Fütterung mit Schlachtabfällen oder mit schierem Muskelfleisch oder gar Rinderherz führt zu schweren Mangelerscheinungen.
VITAMINGABE Auch bei omnivoren Tieren sollte regelmäßig ein Vitamin-Mineralstoffgemisch gegeben werden. Außerdem sollte eine tägliche Fütterung erfolgen.

Fleischfresser

INSEKTENFRESSER Bei Insekten fressenden Reptilien, z.B. vielen Echsen, ist es wichtig, dass nicht nur eine Art von Insekten bzw. deren Larven verfüttert wird, sondern dass diese Futterinsekten selbst vor dem Verfüttern gut gefüttert wurden und einen vollen Magen-Darm-Trakt haben. Futtertiere, die zuvor in der Zoohandlung gekauft oder per Post geschickt wurden, sollten nicht sofort

verfüttert werden, sondern erst (eventuell vitaminisiertes) Futter erhalten. Denn viele Insektenfresser beziehen ihre Vitamine und den Bedarf an pflanzlichen Stoffen aus dem Darm ihrer Beutetiere. Außerdem empfiehlt es sich, bei jeder Fütterung die Insekten mit einem guten Vitaminpräparat, z.B. Korvimin ZVT, einzustäuben. Echsen und vor allem Chamäleons weisen einen sehr hohen Vitaminbedarf auf.

Eine Kornnatter verschlingt eine Maus. Da Schlangen ganze Futtertiere fressen, sind Ernährungsfehler bei ihnen selten.

Fertigfutter

▶ **NUR ALS ZUSATZ** Für Schildkröten und Echsen wird Fertigfutter angeboten. Auch wenn auf den Packungen „Alleinfutter" steht, sollte man davon Abstand nehmen, seine Reptilien ausschließlich damit zu ernähren. Als Futterzusatz werden Leguanpellets jedoch von Grünen Leguanen gerne genommen und sind durchaus empfehlenswert.

▶ **NICHT FÜR LANDSCHILDKRÖTEN** Ganz abzuraten ist von Fertigfutter für Landschildkröten, da es in der Regel mit mehr als 10 % viel zu viel Protein enthält. Bei diesen Tieren – auch bei nur unregelmäßiger Gabe oder in kleinen Mengen – kann das auf Dauer eine Gicht hervorrufen. Die Gefahr droht besonders dann, wenn die Tiere nicht regelmäßig gebadet werden und dabei reichlich Wasser zur Beseitigung der anfallenden Harnsäure und Urate aufnehmen. Häufig treten auch Blasensteine bei mit Fertigfutter gefütterten Schildkröten auf.

▶ **SUMPF- UND WASSERSCHILDKRÖTEN** schadet der hohe Proteingehalt meistens nicht, da der überwiegende Teil dieser Tiere omni- oder sogar karnivor ist. Aber auch diesen Tieren sollte neben Fertigfutter regelmäßig Frischfutter wie pflanzliche Kost und auch tierische Nahrung (Fische bzw. Fischfleisch, Regenwürmer oder Schnecken) gegeben werden.

SCHLANGEN Bei Schlangen sind Fütterungsfehler relativ selten, da in der Regel nur ganze Futtertiere aufgenommen werden und somit alles enthalten ist, was die Schlange benötigt. Aber auch hier sollte auf einwandfreie Futtertiere mit einem gut gefüllten Magen-Darm-Trakt geachtet werden. Die Fütterungshäufigkeit orientiert sich an der Größe der Schlange: Erwachsene Nattern werden alle 7–14 Tage gefüttert, Jungschlangen einmal wöchentlich. Sehr aktive Schlangen, z.B. Strumpfbandnattern, die zudem noch leicht verdaulichen Fisch aufnehmen, sollten 2–3 Mal pro Woche Futter erhalten, während bei adulten Riesenschlangen meist eine Fütterung pro Monat ausreicht. Oft erkennt man am Verhalten der Schlange, wann sie Hunger hat, da das Tier dann wesentlich aktiver ist.

Vitamine

Die Vitamin- und Mineralstoffversorgung ist bei Reptilien im Terrarium nicht immer ausreichend. Leider existieren kaum Untersuchungen über Bedarfswerte bei Reptilien, sodass keine genauen Angaben zur Häufigkeit der Verabreichung und Menge bestimmter Vitamin- und Mineralstoffpräparate gemacht werden können. Zudem variiert der Bedarf nach Art, Geschlecht, Alter und Fütterung. Vitaminpulver, die über pflanzliche Nahrung oder Futtertiere gegeben werden, sind in der Regel besser als Präparate fürs

Denken sie daran, stets Trinkwasser anzubieten. Regelmäßiges Baden von Landschildkröten beugt Nierenerkrankungen vor, da dabei reichlich Flüssigkeit aufgenommen wird.

Trinkwasser. Viele Tiere nehmen wegen des veränderten Geruchs bzw. Geschmacks oft kein Wasser mehr auf, was gesundheitliche Probleme bewirkt. Wichtige Vitamine für Ihre Reptilien sind z.B. Vitamin A (Haut, Augen), B-Vitamine (Nervensystem), Vitamin C (Immunsystem, Knochenbildung), Vitamin D (Knochenaufbau), Vitamin E (Muskulatur, Fortpflanzung), Vitamin K (Blutgerinnung).

ECHSEN sollte erfahrungsgemäß regelmäßig ein Vitamin-Mineralstoffpräparat (z.B. Korvimin ZVT, beim Tierarzt erhältlich) 2–3 Mal pro Woche gegeben werden, bei Jungtieren empfiehlt sich eine tägliche Gabe. Das Pulver kann auf pflanzliche Nahrung aufgestreut werden. Futterinsekten können damit eingestäubt werden, indem sie in einem Marmeladenglas mit etwas Vitamin-Mineralstoffpulver geschüttelt werden.

SCHILDKRÖTEN Bei abwechslungsreicher Fütterung ist weniger auf eine Vitamin-, als auf eine ausreichende Kalziumversorgung zu achten. Vor allem Jungtiere benötigen zum Aufbau eines stabilen Skeletts bzw. Panzers sowie Eier legende Weibchen für die Schalenbildung reichlich Kalzium. Dies kann durch zerstoßene Eierschalen oder in Form einer Sepiaschale aus dem Zoohandel erfolgen.

SCHLANGEN Im Allgemeinen sind keine zusätzlichen Vitamingaben notwendig, wenn die Futtertiere vollwertig ernährt werden und zum Zeitpunkt der Verfütterung einen gut gefüllten Magen-Darm-Trakt aufweisen.

Mineralstoffe und Spurenelemente

Mineralstoffe und Spurenelemente sind anorganische Stoffe, die zur Aufrechterhaltung der Lebensfunktionen unentbehrlich sind.

MINERALSTOFFE sind solche Stoffe, die vom Körper in größeren Mengen benötigt werden: Kalzium, Kalium, Magnesium, Phosphor, Natrium, Chlor und Schwefel.

SPURENELEMENTE müssen nur in geringsten Mengen aufgenommen werden: Eisen, Fluor, Jod, Kobalt, Kupfer, Mangan, Molybdän, Selen, Silizium und Zink.

Trinkwasser

Sauberes Trinkwasser sollte stets vorhanden sein, auch bei Wüstenbewohnern. Eine ungenügende Wasseraufnahme führt zu Krankheiten der Niere, was eine häufige Todesursache von Reptilien und besonders Landschildkröten darstellt. Zu beachten ist, dass viele Reptilien, v.a. Echsen, häufig nicht aus Wassernäpfen trinken (◎ Luftfeuchtigkeit, S. 20). Entsprechend muss bei solchen Tieren täglich das Terrarium gesprüht werden, sodass die Tiere Wassertropfen auflecken können. Bei Chamäleons empfiehlt es sich, eine spezielle Tropftränke oder ein langsam tropfendes Infusionsbesteck zu installieren, um eine ausreichende Wasseraufnahme zu gewährleisten. Landschildkröten sollten ca. einmal pro Woche gebadet werden. Auch wenn man die Tiere nicht trinken sieht, wird doch über die Haut und die Kloake Flüssigkeit aufgenommen. Ein Ne[...] Urin- und Kotabgabe, die [...] erfolgt. Somit hat man ein[...] über das Aussehen des Ko[...] wertvolle Hinweise auf ei[...] Erkrankung eines Tieres g[...]

Einzelgänger

Von einigen Reptilienarten, wie beispielsweise den meisten Chamäleons, ist bekannt, dass sie absolute Einzelgänger sind. Diese Tiere sollten – außer während der genau überwachten Paarungszeit – einzeln und ohne Sichtkontakt zueinander gehalten werden. Wenn Sie dies nicht beachten, können auch hier die Tiere infolge des Stresses durch die Artgenossen zu Tode kommen. Für viele Schildkrötenarten ist eine zeitweise Trennung der Geschlechter einzige Voraussetzung zur erfolgreichen Nachzucht.

Kornnattern (Elaphe guttata) können einzeln oder zu mehreren in einem Terrarium gehalten werden.

Vergesellschaftung

Prinzipiell ist die Vergesellschaftung zweier verschiedener Reptilienarten in einem Terrarium abzulehnen, da man dabei keiner der beiden Arten in allen ihren Ansprüchen gleichzeitig gerecht werden kann. Von einer Vergesellschaftung von Schildkröten mit Echsen oder Schlangen ist dringend abzuraten. Schildkröten sind häufig Träger von Amöben, die bei diesen Tieren meistens keine Erkrankung hervorrufen, jedoch bei Echsen und vor allem Schlangen tödlich verlaufende und schwierig zu therapierende Infektionen auslösen können. Die Vergesellschaftung von tag- und nachtaktiven Reptilien ist ebenso abzulehnen, da die Tiere jeweils während ihrer Ruhephase durch die Aktivität ˋr Mitbewohner nicht zur Ruhe kommen ˋn. Auch eine gleichzeitige Unterbrinˋt anderen Tieren in einem Raum, z.B.

mit Katzen, Hunden, oder im Freigehege mit Kaninchen bzw. Meerschweinchen, hat schon zu schweren Verletzungen geführt.

GESCHLECHTERVERTEILUNG Bei Echsen sind Männchen untereinander unverträglich. Auch in einem sehr großen Terrarium können keine zwei Männchen einer Art untergebracht werden, da das unterlegene Tier zu Tode gejagt wird oder durch den permanenten Stress an einer sekundären Infektion verendet. Bei Schildkröten sollte auf ein ausgewogenes Geschlechterverhältnis geachtet werden: Auf ein Männchen sollten 2–4 Weibchen kommen. Sind zu viele Männchen im Verhältnis zu den Weibchen vorhanden, stehen die weiblichen Tiere wegen der ständigen Verfolgung durch die Männchen unter Dauerstress, was z.B. zu einer erhöhten Anfälligkeit für Infektionen und zu Legenot führen kann.

Schildkröten brauchen eine Winterruhe. Sie muss sich an der geographischen Herkunft der Tiere orientieren.

Reptilien überwintern

Viele Reptilien aus gemäßigten Zonen, z.B. europäische Landschildkröten oder nordamerikanische Strumpfbandnattern, legen unter natürlichen Gegebenheiten eine Winterruhe (Hibernation) ein. Dabei sollte die Überwinterungsdauer mindestens acht Wochen betragen. Eine kürzere Phase bedeutet Stress für das Tier, da der gesamte Organismus sich innerhalb kürzester Zeit zweimal umstellen muss. Bei manchen Tieren, z.B. Leopardgeckos, genügt es, zur Überwinterung die Temperaturen um ein paar Grad abzusenken, indem einfach nur die Beleuchtung und/oder die Heizquelle für 8 Wochen abgeschaltet werden. Dies sollte mit langsamen Übergängen durch allmähliche Reduktion der Beleuchtungszeiten erfolgen.

Landschildkröten überwintern

Die Überwinterungstemperaturen sollten bei europäischen Landschildkröten 4–8 °C betragen. Eine zu warme Überwinterung, z.B. im Schlafzimmer, führt zwar zu einer Abnahme der Aktivität des Tieres und zum Einstellen der Futteraufnahme. Der Stoffwechsel läuft jedoch weiter und verbraucht Energie. So kann es zu einer hochgradigen Schädigung der Leber mit eventuell tödlichem Ausgang kommen. Falls nicht entsprechend kühle Räume zur Verfügung stehen, sollten Landschildkröten in einem Kühlschrank überwintert werden. Einmal pro Woche bitte die Kühlschranktür öffnen und nach den Tieren sehen. Der dabei stattfindende Luftaustausch reicht bei dem stark reduzierten Stoffwechsel der Tiere vollkommen. Mit dieser Methode sind gleichmäßig kühle Temperaturen sowie eine optimale Kontrolle der Tiere gewährleistet. Von einer Überwinterung von Landschildkröten im Freien ist abzuraten, da die Tiere sich oftmals nicht tief genug eingraben und dementsprechend Schäden davontragen können. Auch können bei einer unkontrollierten Überwinterung im Freien vor allem Ratten bei den bewegungslosen Tieren erhebliche Schäden anrichten.

Hygiene schützt

Notwendige Hygienemaßnahmen

Die Einhaltung simpler Hygienemaßnahmen
kann viele Infektionen verhindern, nicht nur
von Tier zu Tier, sondern auch von Tier zu
Mensch (◉ Zoonosen, S. 108). Gerade wenn
mehrere Terrarien betrieben werden, können
bei Pflegemaßnahmen oder Tierkontakt sehr
leicht Krankheitserreger verschleppt werden.
KOTRESTE Auf jeden Fall sollte die Trinkwas-
serschale sofort gereinigt werden, wenn ein
Tier hineingekotet hat, um (Re-)Infektionen
mit Parasiten zu vermeiden. Die meisten
Reptilien setzen Kot und Urin bevorzugt
beim Baden ab, sodass gegebenenfalls sogar
eine mehrmalige tägliche Reinigung nötig ist.
FUTTERRESTE sollten täglich entfernt werden,
bevor sie anfangen zu verderben.
MILBENBEFALL Sollte ein Milbenbefall festzustellen sein, müssen sofort Gegenmaßnahmen ergriffen werden, da Milben sehr leicht
Krankheitserreger von einem Becken zum
anderen verschleppen.
KRANKE TIERE und Neuzugänge sollten
immer als Letztes versorgt werden, um eventuell vorhandene Keime nicht weiter zu verschleppen.

Terrarien desinfizieren

Terrarien, die gebraucht übernommen
werden oder in denen Tiere verendet sind,
müssen unbedingt sorgfältig gereinigt und
anschließend desinfiziert werden. Nach der
Desinfektion muss das Terrarium gründlich
mit klarem Wasser nachgespült werden, um
eventuelle Desinfektionsmittelreste, die für
Reptilien schädlich sein können, zu entfernen. Verseuchte Einrichtungsgegenstände
und der Bodengrund müssen entsorgt werden. Wertvolle Gegenstände, wie beispielsweise Porzellanschalen oder Wurzeln, können auch im Backofen bei 150 °C über zwei
Stunden hinweg erhitzt werden, um Bakteri-
en und Parasiten abzutöten.
DESINFEKTIONSMITTEL Gegenüber Bakterien
sind handelsübliche Desinfektionsmittel wie
z.B. Sagrotan wirksam. Diese Mittel wirken
jedoch leider nicht gegen Wurmeier und andere Parasitenstadien. Hier hilft nur 5%iges
Formalin, welches jedoch auf keinen Fall in
einem geschlossenen Raum, sondern nur im
Freien angewendet werden darf. Außerdem
sollten die Dämpfe nicht eingeatmet werden,
da sie gesundheitsschädlich wirken.

Informieren Sie sich vor dem Kauf über die Ansprüche einer Art. Bartagamen (Pogona vitticeps) benötigen eine hohe Lichtqualität und genügend UV-Licht.

Reptilien kaufen

Überlegungen vor dem Kauf

Bevor Sie sich Reptilien anschaffen, sollten Sie einige Dinge sorgfältig bedenken. Informieren Sie sich ausführlich über die gewünschte Reptilienart, sodass Sie das Tier im Terrarium artgerecht halten können.

KOSTEN BEDENKEN Fragen Sie sich, ob Sie für die laufenden Kosten aufkommen können. Stromkosten können ins Geld gehen, ebenso Futtertiere, v.a. wenn die Reptilien auf eine bestimmte Nahrung spezialisiert sind (z.B. Königspythons, die nur Gerbils als Beutetiere annehmen!). Gerade junge Riesenschlangen und die in Zoogeschäften als 3–4 cm große Babys verkauften Wasserschildkröten legen oft ein rasantes Wachstum vor und benötigen als erwachsene Tiere sehr große und damit teure Becken! Auch die Tierarztkosten

können im Falle einer schweren Erkrankung den Wert des Tieres durchaus um ein Mehrfaches übersteigen! Sparen an der Einrichtung, z.B. indem Sie keine teure UV-Lampe anschaffen, ist der falsche Weg. Das Ergebnis hat mit einer artgerechten Haltung eindeutig nicht mehr viel zu tun!

REPTILIEN UND KINDER Machen Sie sich bewusst, dass die wenigsten Reptilien „Schmusetiere" oder als Spielzeug für Kinder geeignet sind. Die Tiere sind einerseits stressanfällig, andererseits können sie auch Krankheiten (z.B. Salmonellose) übertragen.

CHECKLISTE

Vor dem Kauf klären

● Welche Haltungsansprüche hat das gewünschte Tier?

● Sind die Kosten tragbar?

● Sind alle Haushaltsmitglieder mit der Anschaffung einverstanden? Was sagen die Vermieter?

● Ist Ihnen klar, dass die meisten Reptilien viel älter als andere Haustiere werden können und oft eine Anschaffung fürs Leben sind?

● Haben Sie die Zeit für die Pflege Ihrer Tiere?

● Wenn Sie alle Fragen positiv beantworten können, steht einer Anschaffung Ihrer neuen Hausgenossen nichts mehr im Wege.

Einen guten Händler erkennen

Wichtig ist stets, das Terrarium, in dem die zum Verkauf angebotenen Tiere sitzen, zu beurteilen. Das Gleiche gilt natürlich auch für andere eventuell vorhandene Terrarien, denn der Zustand der Terrarien lässt schon einige Rückschlüsse auf die Kompetenz des Verkäufers zu.

Folgende Punkte sollten überprüft werden:

▸ Ist das Terrarium entsprechend der gehaltenen Art eingerichtet?

▸ Wie sieht das Becken aus? Ist es verschmutzt oder überbesetzt?

▸ Sind kranke oder sogar schon tote Tiere im gleichen Terrarium? Falls dies der Fall ist, sollten Sie unbedingt die Finger von den Tieren lassen, da es sich um eine ansteckende Krankheit handeln könnte.

▸ Wie sieht es mit der Sachkunde des Verkäufers aus? Kennt er sich mit dieser Reptilienart aus und kann auch spezielle Tipps vermitteln?

Bezugsquellen für gesunde Reptilien

ZÜCHTER Optimal ist der Erwerb von gesunden Nachzuchten direkt vom Züchter. Man kann sich die Elterntiere zeigen lassen und wertvolle Tipps zur Haltung erhalten. Adressen bekommt man über das Anzeigen-Journal der DGHT, Anzeigen in einschlägigen Zeitschriften oder auch über das Internet (◉ Adressen, S. 119).

ZOOGESCHÄFTE Auch dort sind Reptilien unterschiedlicher Qualität und leider oft ohne qualifizierte Beratung erhältlich. Daher: ein auf Terraristik spezialisiertes Zoogeschäft auswählen, wo eine kompetente Beratung durchgeführt wird.

VERSANDHANDEL UND BÖRSEN Reptilien können auch über den Versandhandel bestellt werden. Allerdings sollte man vorher wenigs-tens einmal die Anlage des Verkäufers besucht haben, um sich von der Haltung und der Sachkunde des Verkäufers ein Bild machen zu können. Außerdem kann man sich die Tiere so selbst aussuchen. Auf Börsen sollte man Tiere nur beim Züchter erwerben. Sonst kann man Pech haben, da einige schwarze Schafe kranke Tiere und Wildfänge verkaufen.

Keine Wildfänge oder kranke Tiere

Prinzipiell sollte Nachzuchten der Vorzug gegeben werden, da diese Tiere schon an Terrarienbedingungen adaptiert sind. Außerdem kommen viele Parasiten, speziell solche, die auch auf den Menschen übertragbar sind (◉ Zoonosen, S. 108), ausschließlich bei Wildfängen vor, da ein Zwischenwirt erforderlich ist. Unter Terrarienbedingungen kann dieser Kreislauf nicht geschlossen werden. Zwar ist der Preis für Nachzuchten meist um einiges höher als bei Wildfängen. Allerdings relativiert sich der Preis, da Wildfänge infolge von hochgradigem Parasitenbefall und Anpassungsproblemen oft hohe Tierarztkosten verursachen oder nach kurzer Zeit verenden. Nicht zuletzt sollten auch aus Gründen des Artenschutzes und des Tierschutzes Nachzuchten bevorzugt werden. Generell sollten Sie nur Tiere erwerben, die nicht offensichtlich krank sind. Krankheiten zeigen sich in einem veränderten Aussehen und Verhalten. Der Solutionfinder „Ein Gesundes Reptil auswählen" auf den folgenden Seiten kann Ihnen helfen, den Gesundheitszustand eines Reptils zu beurteilen.

▶ VERHALTEN	▶ ÜBERPRÜFEN	▶ KOMMENTAR
Nahrungsaufnahme	Nimmt das Tier spontan Nahrung auf?	Lassen Sie sich noch vor Ort zeigen, dass das Tier auch frisst. Schlangen dann erst ein paar Tage später transportieren wegen der Gefahr des Erbrechens.
Wahrnehmung	Nimmt das Tier aufmerksam seine Umgebung wahr?	Gesunde Schlangen und Echsen bezüngeln eine neue Umgebung.
Fluchtreflex	Zeigt das Tier einen Fluchtreflex, wenn man versucht, es zu greifen?	Nur Schildkröten und sehr zahme Reptilien lassen sich ohne Fluchtversuche greifen. Schildkröten ziehen (außer wenn sie sehr zahm sind) meistens den Kopf in den Panzer ein. Apathie: Zeichen für eine schwerwiegende Erkrankung!
Liegeverhalten von Schlangen	Liegt eine Schlange zusammengerollt da?	Ausgestrecktes Liegen: Meist liegt eine Erkrankung vor.
Schwimmverhalten bei Wasserschildkröten	Schwimmen Wasserschildkröten gerade im Wasser?	Schiefes Schwimmen oder permanentes An-Land-Sitzen: Hinweis auf Lungenentzündung oder andere Infektion.
Fortbewegung	Bewegt sich das Tier normal vorwärts?	Ungezielte und unsichere Bewegungen: evtl. Erkrankung des Skeletts oder Erkrankung des Gehirns bzw. der Nerven.
Extremitäten	Haben die Extremitäten eine normale Stellung?	Bei Schildkröten: Reduzierter Einsatz der Hintergliedmaßen oder ein Nach-Hinten-Strecken der Hinterbeine: Hinweis auf eine Nieren- oder Blasenerkrankung, Verstopfung, Rückenmarkserkrankung.

► KÖRPERLICHER ZUSTAND	► ÜBERPRÜFEN	► KOMMENTAR
Augen	Sind sie offen und klar?	Geschlossene, verklebte oder eingesunkene Augen oder andere Veränderungen: Evtl. liegt eine schwerwiegende Allgemeininfektion vor.
Kloake	Ist sie sauber?	Eine kotverschmierte Kloake spricht für Durchfall, bedingt durch unpassende Fütterung, Bakterien oder Parasiten.
Haut	Sieht sie gut aus? Krabbeln Milben auf der Körperoberfläche herum?	Häutungsreste bei Schlangen: nicht optimale Haltungsbedingungen oder Erkrankung. Krusten: evtl. Hinweis auf Milbenbefall. Hinter Geschwüren und Wunden verbergen sich u.U. schwerwiegendere Krankheiten.
Körperbau	Zeigt der allgemeine Körperbau irgendwelche Auffälligkeiten?	Regenerierte Schwänze oder alte und sauber verheilte Wunden bzw. Narben sind nur Schönheitsfehler. Folgeschäden sind oft bei Tieren zu beobachten, die stark von Ektoparasiten befallen sind oder die rachitische Deformationen aufweisen, sodass von einem Erwerb abgeraten werden muss. Weibliche Schildkröten, die sich aufgrund einer Rachitis einen deformierten Panzer zugezogen haben, neigen häufig zu Legenot.
Unterkiefer	Ist er weich? Lassen sich die Unterkiefer bei Echsen leicht zusammendrücken?	Bei Echsen stets Unterkiefer prüfen. Wenn sie gummiartig wirken: Erkrankung des Knochenskeletts.
Mundschleimhaut	Ist die Maulschleimhaut ohne Beläge, ohne Schleim und leicht rosa?	Beläge: Maulfäule. Rötung, Blutung: bakterielle oder virale Infektion. Blasse Schleimhaut: Parasitenbefall, bakterielle Infektion.
Ernährungszustand	Ist das Tier gut genährt?	Bei Echsen sollten die Wirbelsäule und die Hüfthöcker nicht zu sehen sein. Schlangen sollten eine volle Form aufweisen, Rückgrat nicht sichtbar. Eine dreieckige Form ist bei den meisten Arten (Königspythons oder Kornnattern) ein Zeichen für hochgradige Abmagerung, während sie hingegen bei einigen wenigen Schlangenarten (z.B. bestimmten Trugnatterarten) normal ist. Schildkröten sollten sich schwer anfühlen und den Kopf nicht extrem tief in den Panzer zurückziehen können.
Ausscheidungen	Sehen die Ausscheidungen des Tieres normal aus?	Bei Veränderungen von Farbe, Konsistenz oder Geruch: schwerwiegender Parasitenbefall, bakterielle Infektion oder Erkrankungen der inneren Organe.

Ein Tigerpython (Python molurus) im Quarantäneterrarium. Zeitungspapier ist während der Quarantäne ein geeigneter Bodengrund.

Quarantäne für neue oder kranke Tiere

Sinn der Quarantäne

Neue Reptilien sollten auf jeden Fall für mindestens 8 Wochen, besser noch länger in ein separates Quarantäneterrarium verbracht werden. Dabei spielt es keine Rolle, ob es sich um Nachzuchten, Wildfänge, Tiere aus dem Handel oder von privat handelt. Die Quarantänezeit dient der genauen Beobachtung der Tiere und verhindert ein Einschleppen von Krankheiten. Auch krankheitsverdächtige oder kranke Tiere aus einem bereits vorhandenen Bestand sollten separat von den (noch?) gesunden Tieren in einem Quarantäneterrarium untergebracht werden. Dies erleichtert die Durchführung diagnostischer und therapeutischer Maßnahmen und verhindert, dass die anderen Tiere permanent beunruhigt werden.

Ein Quarantäneterrarium einrichten

GEEIGNETE TERRARIEN Als Quarantäneterrarien können kleinere Glasterrarien oder handelsübliche Plastikterrarien verwendet werden. Beleuchtung, Temperatur sowie Luftfeuchte müssen den Bedürfnissen der jeweiligen Art angepasst sein.

REINIGUNG Wichtig ist die gründliche Reinigung und Desinfektion des Terrariums nach jedem Gebrauch. Auch Geräte wie z.B. Futterpinzetten sind ausschließlich für das Quarantäneterrarium zu benützen.

STANDORT Da einige Krankheitserreger praktisch über die Luft verbreitet werden, sollte das Quarantäneterrarium möglichst getrennt von den übrigen Terrarien in einem anderen Raum untergebracht werden.

EINRICHTUNG Das Quarantäneterrarium wird „spartanisch" eingerichtet, d.h. mit Zeitungspapier oder Zellstoff als Unterlage, Versteck (z.B. Pappkarton oder Korkrinde) und Trinkschale, je nach Bedarf auch mit Kletterästen. Alle Einrichtungsgegenstände sollten entweder leicht zu reinigen und zu desinfizieren sein oder, was die bessere Möglichkeit darstellt, nur einmal verwendet werden. Grabenden Arten kann man auch Papierschnitzel als Einstreu geben. Auf Dekoration wird verzichtet. So kann das Tier gut beobachtet und Futteraufnahme und Kotabsatz kontrolliert werden.

Anhand einer Blutprobe kann festgestellt werden, ob eine Schildkröte Träger des gefährlichen Herpesvirus ist.

Untersuchungen

KOTUNTERSUCHUNG Während der Quarantäne sollten mindestens zwei Kotproben untersucht werden. Eine Probe allein ist nicht aussagefähig, da die meisten Parasiten nur unregelmäßig Eier oder andere Dauerstadien ausscheiden und daher nicht in jeder Probe nachweisbar sind. Da bei Reptilien auch zahlreiche einzellige Parasiten Probleme verursachen, sollte die Untersuchung auf Einzeller ausdrücklich verlangt werden.

PARASITENBEFALL Sind Parasiten feststellbar, so sollten die Neuzugänge so lange mit Medikamenten vom Tierarzt behandelt werden, bis die Kotproben negativ sind. In dieser Zeit sollte die Unterlage täglich gewechselt werden, um eine Reinfektion (eine Infektion des Tieres an seinen eigenen Ausscheidungen) zu verhindern. Auch die Wasserschale sollte täglich mit kochendem Wasser überbrüht werden, um Krankheitserreger bzw. deren Dauerstadien abzutöten. Die Reinigung und Desinfektion des Terrariums samt der kompletten Einrichtung muss in diesem Fall mit einem Therapieplan abgestimmt werden, bei dem Sie Ihr Tierarzt berät. Futtertiere oder anderes Futter, das von den in Quarantäne befindlichen Tieren nicht aufgenommen wurde, muss entsorgt und darf auf gar keinen Fall an andere Reptilien verfüttert werden, da auch auf diesem Weg leicht Krankheitserreger verschleppt werden können. Sollten die neuen Pfleglinge Milben mitbringen, müssen diese schnellst bekämpft werden, da diese Parasiten sehr leicht Krankheiten von einem Terrarium in das nächste verbreiten können.

SALMONELLEN Sind Kleinkinder oder immungeschwächte Personen im Haus, empfiehlt sich eine Untersuchung auf Salmonellen: Zahlreiche Reptilien sind Träger von Salmonellen, die auf den Menschen übertragen werden können (⊚ Zoonosen, S. 108).

HERPESVIREN Bei Landschildkröten sollte unbedingt Blut auf Herpesviren untersucht werden, und zwar zweimal im Abstand von mindestens vier Wochen. Herpesviren werden von einmal infizierten Schildkröten, die diese Infektion überlebt haben und vollkommen gesund erscheinen, lebenslang ausgeschie-

Geckos tragen meist eine Vielzahl von Parasiten in sich. Als Neuzugänge sollten sie daher einer Quarantäne inklusive parasitologischer Untersuchungen unterzogen werden.

den. Diese Tiere stellen eine große Gefahr dar, wenn sie in Kontakt mit Herpes negativen Tieren kommen. Es wurden schon ganze Bestände durch diese unheilbare und hochinfektiöse Krankheit innerhalb weniger Wochen nach Neuzugang einer Schildkröte augelöscht. Wenn man das Risiko für seinen Bestand minimieren will, sollte die Quarantäne auch bei zwei negativen Blutproben auf ein Jahr ausgedehnt werden.

VIRUSERKRANKUNGEN BEI SCHLANGEN Bei Schlangen gibt es ebenfalls tückische und unheilbare Viruserkrankungen, deren Inkubationszeit (die Zeit, in der man die Krankheit nicht erkennt) nachweislich bis über ein Jahr betragen kann. Insofern sollte man bei wertvollen Riesenschlangen die Tiere bis zu einem Jahr in Quarantäne halten.

Das Ende der Quarantäne

Sind die Kotproben negativ, das neue Tier frisst gut, zeigt ein normales Verhalten und normales Aussehen von Kot und Urin, so kann es nach Ablauf der Quarantänezeit in das endgültige und voll eingerichtete Terrarium oder zu seinen Artgenossen umziehen. Sind jedoch irgendwelche Hinweise vorhanden, dass das Tier nicht in Ordnung ist (◉ Krankheitssymptome, S. 38), so sollten Sie den Neuzugang unbedingt einem auf Reptilien spezialisierten Tierarzt vorstellen.

THEMA **KRANKHEITEN ERKENNEN**

So sieht ein gesundes Auge von Dosenschildkröten (Terrapene carolina triunguis) **aus.**

Reptilien zeigen eine ausgeprägte Symptom-armut. Oft erkennt man Krankheiten erst, wenn sie sich schon in einem fortgeschrittenen Stadium befinden. Viele Krankheitssymptome lassen sich auch nur bei regelmäßiger Beobachtung der Tiere wahrnehmen. Oft sind sie zudem sehr unspezifisch, sodass allein anhand dieser Symptome keine Diagnose gestellt werden kann. Daher ist es wichtig, dass ein Reptilienhalter krankhafte Veränderungen rechtzeitig erkennt, um das Tier baldmöglichst einem auf Reptilien spezialisierten Tierarzt vorzustellen.

Verhaltensänderungen

Unruhe

Sie kann während der Paarungssaison und bei weiblichen Tieren im Endstadium der Trächtigkeit normal sein. Krankhaft ist sie bei Vorliegen einer Legenot oder Vergiftungen.

Apathie

Teilnahmsloses Verhalten und vor allem bei ansonsten scheuen Tieren ein Sich-anfassen-lassen bzw. eine gewisse „Zahmheit" sind immer ein Grund, sofort den Tierarzt aufzusuchen. Meist befindet sich die Krankheit schon in einem weit fortgeschrittenen Stadium. Leider ist dieses Symptom sehr unspezifisch und kommt bei sehr vielen verschiedenen Krankheiten vor.

Futterverweigerung

Schon wenige Tage Futterverweigerung können bei sehr kleinen Tieren lebensbedrohend sein, während bei großen Reptilienspezies, speziell Riesenschlangen, auch unter normalen Umständen größere Abstände von mehreren Wochen zwischen den Mahlzeiten liegen können. Besonders bei Schildkröten kann eine fehlende Futteraufnahme bei voll laufendem Stoffwechsel während der Akti-

INFO

Normale Futterverweigerung
Normal ist eine Futterverweigerung bei hochträchtigen Tieren sowie bei Schlangen, die sich in Häutung befinden. Bei manchen Schlangenarten verweigern auch die Männchen während der Fortpflanzungsphase einige Zeit lang das Futter. Auch während der Winterruhe oder anderen Ruhephasen wird normalerweise kein Futter angenommen.

Diese Dosenschildkröte der gleichen Art leidet an einer Lidschwellung aufgrund einer bakteriellen Infektion.

vitätsphase über einen längeren Zeitraum hinweg Leberschäden verursachen.

URSACHEN Eine Futterverweigerung kann auftreten, wenn nicht das richtige Futter geboten wird, z.B. pflanzliche Nahrung bei karnivoren (Fleisch fressenden) Tieren. Sie ist auch möglich, wenn nicht adäquate Bedingungen vorliegen. So nehmen Wasserschildkröten in der Regel Futter nur im Wasser auf, auch wenn einzelne Exemplare lernen können, sich ihr Futter an Land zu holen. Auch bei zu kühlen Haltungs- bzw. Umgebungstemperaturen erfolgt meist keine Futteraufnahme. Sehr helles Licht und UV-Licht wirken dagegen stimulierend auf den Appetit. Wenn die Futterverweigerung krankhafte Ursachen hat, können sehr viele verschiedene Möglichkeiten dafür in Betracht kommen – von einer

haltungsbedingten Krankheit, Stoffwechselerkrankung über eine bakterielle, virale oder parasitäre Infektion oder bei weiblichen Tieren Legenot. Die Ursache muss im Einzelfall abgeklärt werden. Bei Landschildkröten kann es infolge einer Stoffwechselentgleisung zu einer Futterverweigerung nach der Winterruhe kommen. Solche Tiere weisen bei einer Blutuntersuchung meist sehr hohe Harnstoffwerte und relativ niedrige Glukosewerte auf. Diese so genannte „posthibernale Anorexie" kann nur durch eine Blutuntersuchung festgestellt werden.

THERAPIE Begleitend zur Therapie kann der Tierarzt eine Magensonde legen, was es vor allem bei unkooperativen bzw. großen und kräftigen Schildkröten und auch Echsen ermöglicht, die Medikamente nach Anweisung des Tierarztes selbst einzugeben und das Tier mit Futter und Wasser zu versorgen.

Gesunde Wasserschildkröten halten sich gerne im Wasser auf und schwimmen gerade. Schiefes Schwimmen deutet auf eine Erkrankung hin.

Hohes Trinkbedürfnis

Dies kann auf eine Nierenerkrankung, Verstopfung oder zu niedrige Luftfeuchte hinweisen. Im Endstadium der Trächtigkeit trinken manche Tiere auch relativ viel Wasser.

Permanenter Aufenthalt im Wasser

Dies kann bei Schlangen ein Hinweis auf Milbenbefall, zu hohe Temperaturen, zu niedrige Luftfeuchte oder Nierenerkrankungen sein. Manche Schlangen baden jedoch vor der Häutung gerne ausgiebig.

Hinterhandschwäche

Sie kann bei Landschildkröten verschiedene Ursachen haben, z.B. eine Nierenerkrankung, Blasenentzündung, Blasensteine, Erkrankungen des Knochenskeletts (z.B. Rachitis), eine chronische Verstopfung oder in seltenen Fällen eine Erkrankung des Rückenmarks.

Desorientiertes Verhalten

Zittern, Krämpfe, unkoordinierte Bewegungen und/oder atypische Bewegungen können auf eine infektiöse oder nicht infektiöse Erkrankung des Gehirns hinweisen. Auch eine Stoffwechselerkrankung wie Vitamin-B-, Vitamin-D- oder Kalziummangel ist denkbar. Vergiftungen können ebenfalls solche Symptome verursachen. Um eine adäquate Therapie einleiten zu können, muss jeweils die Ursache abgeklärt werden.

Schiefes Schwimmen

Schiefschwimmen von Wasserschildkröten oder permanenter Aufenthalt an Land bei Wasserschildkröten deuten auf eine Infektion, meist eine Lungenentzündung hin.

VERÄNDERTES VERHALTEN

▶ SYMPTOME	▶ URSACHE
Apathie	zu kühle Umgebungstemperatur, Infektion mit Parasiten, Bakterien, Viren oder Pilzen, Stoffwechselerkrankungen, schweres Trauma, Vergiftung
Futterverweigerung normal während Endstadium der Trächtigkeit, Ruheperiode/ Überwinterung, bei Schlangen in Häutung, nicht adäquatem Futter	krankheitsbedingt: Infektion mit Parasiten, Bakterien, Viren oder Pilzen; Stoffwechselerkrankungen, Stress durch aggressive/ ranghöhere Terrarienmitbewohner
desorientiertes Verhalten	Vitamin-B-Mangel, Kalziummangel, Erkrankung des Gehirns infolge bakterieller, viraler oder parasitärer Infektion
Zittern/Krämpfe	Vitamin-B-Mangel, Vitamin-D-Mangel, Kalziummangel, UV-Lichtmangel, Vergiftung, Paramyovirusinfektion bei Schlangen, Einschlusskörperchenkrankheit der Boiden
Schiefes Schwimmen bei Wasserschildkröten	Lungenentzündung
vorwiegender Aufenthalt am Landteil bei Wasserschildkröten	Allgemeininfektion, Lungenentzündung
Hinterhandschwäche bei Landschildkröten	Nierenerkrankung, Blasenentzündung, Blasenstein, Trauma, Rachitis, chronische Verstopfung
hochgradige Unruhe normal während Paarungssaison und im Endstadium der Trächtigkeit	Legenot, Vergiftungen
permanentes Baden terrestrisch lebender Reptilien	Milbenbefall, zu hohe Temperaturen, zu niedrige Luftfeuchte, Nierenerkrankung

Ein gesunder Albino-Tigerpython mit glänzender Haut ...

... und ein krankes Tier mit Milbenbefall.

Veränderungen am Körper

Haut

Krankhafte Hautveränderungen können sich in Form eines stumpfen Schuppenkleides, rissiger, pergamentartiger Haut besonders bei Riesenschlangen, Geschwüren, Krusten, Blasen, Verfärbungen und abgestorbener Bezirke äußern.

URSACHEN Hautveränderungen können durch Infektionen mit Ektoparasiten, Bakterien, Pilzen und Viren auftreten. Außerdem sind Vitamin- und Spurenelementmangel (speziell Vitamin A, Vitamin C, Vitamin H, Zink) oder Vitamin A-Überdosierung möglich. Auch Verletzungen durch Traumata (Unfall, Verletzung durch andere Terrarienbewohner oder andere Haustiere) und Haltungsfehler, wie z.B. zu niedrige oder zu hohe Luftfeuchte, sind eine mögliche Ursache. Veränderungen der Haut können auch als Folge einer Allgemeinerkrankung auftreten. Häufig sind Hautveränderungen bei Reptilien mit Lebererkrankungen oder bei Schlangen mit Darminfektionen zu finden. Die genaue Ursache muss im Einzelfall abgeklärt werden. Die Abklärung der Ursache kann durch Hautgeschabsel, Hauttupfer und Biopsien erfolgen.

HÄUTUNGSPROBLEME Gesunde Schlangen häuten sich im Ganzen. Wird die alte Haut nur in Fetzen abgestreift oder bleiben Häutungsreste zurück, ist entweder die Luftfeuchte zu niedrig oder das Tier nicht gesund. Bei Echsen ist dagegen eine Häutung in Fetzen normal.

Skelett und Panzer

Am häufigsten sind Erweichungen des Skeletts und/oder des Panzers festzustellen, die meistens auf einem Defizit von Vitamin D, Kalzium und UV-Licht beruhen. Gliedmaßenschwellungen können durch Brüche, andere Verletzungen infolge Traumata, Gelenksentzündungen infolge Infektionen oder Harnsäureablagerungen (Gicht) entstehen. Die Festigkeit des Skeletts kann bei Schildkröten anhand der Panzerstärke überprüft werden. Außer bei ganz jungen Schildkröten

Weicher Unterkiefer bei einem **Steppenwaran** (Varanus exan-thematicus) **durch mangelnde Kalzium- und Vitamin-D-Versorgung.**

Junger **Leopardgecko** (Eublepharis macularius) **mit gummi-artigen Knochen infolge einer Rachitis.**

darf der Panzer auf leichten Druck nicht nachgeben. Bei Echsen kann die Festigkeit am besten am Unterkiefer überprüft werden: Auch hier sollten sich die Unterkieferäste nicht zusammendrücken lassen.

Weichteilschwellungen

Sie können lokal begrenzt sein und dann durch Parasiten (Sparganose), Abszesse, Blutergüsse oder Tumoren bedingt sein. Ist der ganze Köper aufgedunsen, liegen sog. Ödeme (Ansammlungen von Gewebsflüssigkeit) vor. Sie können durch Nieren-, Herz- oder Schilddrüsenerkrankungen sowie lange Hungerperioden bedingt sein.

Magen-Darm-Erkrankungen

URSACHEN Der größte Teil der Erkrankungen des Magen-Darm-Traktes wird durch ein- oder mehrzellige Parasiten verursacht. Ein Befall kann meistens durch eine Kotprobe festgestellt werden. Auch bakterielle Infektionen oder Fremdkörper sind nicht selten. Verdauungsstörungen können auch bei zu niedrigen Haltungstemperaturen auftreten.

SYMPTOME Neben unspezifischen Symptomen wie Futterverweigerung und Gewichtsabnahme sind manchmal mehr oder weniger typische Symptome bei Erkrankungen des Magen-Darm-Traktes vorhanden. Dazu gehören ein verändertes Aussehen des Kotes (Farbe, Konsistenz, Geruch), Erbrechen, aufgeblähter oder gespannter Bauch, fehlender Kotabsatz.

Erkrankungen des Harntraktes

URSACHEN Krankheiten der Niere, der Blase und der harnableitenden Wege können durch Parasiten, Bakterien, Pilze, zu proteinreiches Futter, Wassermangel bzw. zu geringe Luftfeuchte und durch die Verabreichung verschiedener Medikamente, z.B. Gentamycin, bedingt werden.

KRANKHEITSSYMPTOME können sich folgendermaßen äußern: veränderter Urin (Farbe, Konsistenz, Geruch), vermehrtes Trinken, kein Harnabsatz oder Probleme beim Harnabsatz, eingefallene Augen, kaum bis gar kein Einsatz der Hintergliedmaßen vor allem bei Schildkröten.

Vorfall von Kloakenschleimhaut bei einer Köhlerschildkröte (Geochelone carbonaria).

Griechische Landschildkröte (Testudo hermanni) **mit Kloakenprolaps.**

Erkrankungen der Leber

URSACHEN Erkrankungen der Leber sind nicht selten bei Reptilien zu diagnostizieren. Sie werden häufig durch zu reichliche und zu nährstoffreiche Fütterung verursacht. Auch eine zu warme Überwinterung kann insbesondere bei Landschildkröten Leberschäden verursachen. Daneben können auch Infektionen durch Viren, Bakterien oder Parasiten für Lebererkrankungen verantwortlich sein.

ANZEICHEN für eine Lebererkrankung können ein gelblich-brauner, grünlicher oder rosa-farbener Harn, Verfettung oder gelbe Schleimhäute (bei manchen Echsen und Chamäleons allerdings normal) sein.

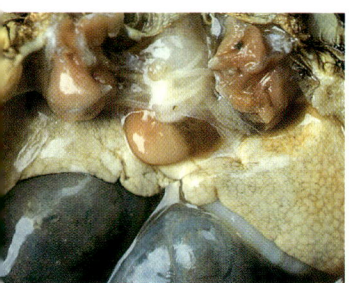

Die Folge einer falschen Ernährung: Leberdegeneration bei einer Landschildkröte.

Vorfall innerer Organe – Prolaps

SCHNELL ZUM ARZT Wenn aus der Kloake Gewebe vorgefallen ist, ist nur für einen Fachmann zu erkennen, ob es sich hierbei um Kloakenschleimhaut, Darm, Harnblase, Penis oder Eileiter handelt. Das betreffende Tier sollte unverzüglich zum Tierarzt gebracht werden, da das Gewebe oft nur unter Narkose und zum Teil auch nur operativ versorgt werden kann. Das vorgefallene Gewebe sollte – falls möglich – mittels eines angefeuchteten Verbandes während des Transportes unbedingt permanent feucht gehalten werden. Es darf auf keinen Fall austrocknen! Das Tier sollte auf sauberen Handtüchern oder auf Zeitungspapier gesetzt werden, um eine Verschmutzung des vorgefallenen Gewebes zu verhindern.

DIE URSACHEN für einen Prolaps innerer Organe können ganz verschieden sein. Sie reichen von einem starken Parasitenbefall, einer Verstopfung oder einer bakteriellen Infektion bis hin zu einem Trauma oder einer Legenot. Die Ursache muss abgeklärt und therapeutisch angegangen werden, da ansonsten mit einem Rückfall zu rechnen ist.

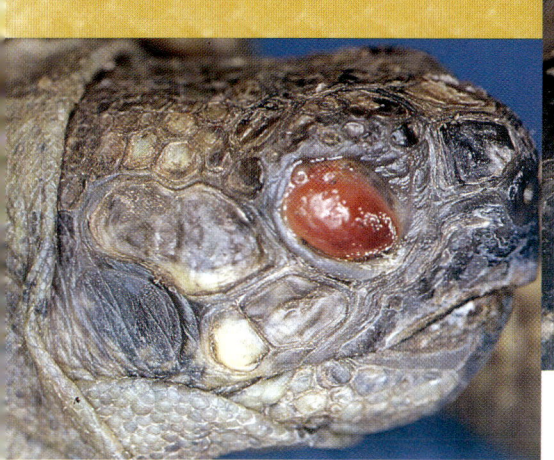

Eine Griechische Landschildkröte mit Linsentrübung infolge einer zu kalten Überwinterung.

Entzündung der Bindehäute und des 3. Augenlides bei einer Griechischen Landschildkröte (Testudo hermanni).

Veränderungen an den Augen

Hinter Symptomen an den Augen stecken oft schwerwiegende Erkrankungen, die leider meist von den Haltern unterschätzt werden. Veränderungen am Auge können durch lokale Prozesse, z.B. Fremdkörper, eine Infektion mit Bakterien, Viren, Pilzen, Parasiten oder durch eine Allgemeinerkrankung bedingt sein. Gerade wenn beide Augen betroffen sind, spricht dies nicht für eine lokal begrenzte Krankheit, sondern für eine Allgemeinerkrankung. Permanent geschlossene Augen sieht man bei hochgradiger Apathie. Nur durch eine Untersuchung mit speziellen Geräten, z.B. einer Spaltlampe, und gegebenenfalls Laboruntersuchungen ist die Diagnose der Ursache möglich.

MÖGLICHE VERÄNDERUNGEN am Auge:

▶ Schwellungen der Lider,
▶ Geschlossenhalten,
▶ Trübung der Hornhaut,
▶ Eingefallene Augen,
▶ Trübung der Linse,
▶ Vorfall des dritten Augenlides,
▶ Farbveränderungen,
▶ käsige Massen im Auge,
▶ vermehrter Tränenfluss.

Erkrankungen des Atemtrakts

URSACHEN für Erkrankungen der Atemwege können Bakterien, Viren und Parasiten sein. **SYMPTOME** können sich in Form von Atemnot äußern. Schlangen atmen mit senkrecht gestelltem Kopf und geöffnetem Maul, bei Schildkröten wird mit den Vordergliedmaßen durch pumpende Bewegungen die Atmung unterstützt. Atmungsprobleme können bei Erkrankungen des Atemtraktes, wie z.B. einer Lungenentzündung, jedoch auch bei anderen Krankheiten, die das Kreislaufsystem stark belasten, auftreten. Weitere Anzeichen für eine Erkrankung des Atemtraktes sind Beläge auf der Zunge und im Rachenraum, Bläschen aus der Nase, Schleim im Maul. Bei Wasserschildkröten sind schiefes Schwimmen oder überwiegender Aufenthalt auf dem Landteil Krankheitsanzeichen.

Maulatmung bei einem Königspython (Python regius) mit Lungenentzündung.

▶ KÖRPERTEIL	▶ SYMPTOME	▶ URSACHEN
Augen	Augentrübung	Stadium kurz vor der Häutung bei Schlangen, nicht gehäutete Brille (Schlangen), Cholesterolablagerungen in der Hornhaut oder der vorderen Augenkammer, bakterielle Infektionen des Auges, Linsentrübung
	geschwollene Augenlider	bakterielle Infektion, Fremdkörper, Zugluft, Vitamin-A-Mangel bei Wasserschildkröten, Nierenerkrankung
	Augen geschlossen	Allgemeininfektion mit Bakterien, Stoffwechselerkrankung, Fremdkörper, Austrocknung, hochgradige Abmagerung
	Augen eingefallen	Austrocknung, Nierenerkrankung, starke Abmagerung
	starker Tränenfluss	Fremdkörper, bakterielle Entzündung, Allgemeininfektion mit Bakterien, Stressreaktion bei manchen Schildkrötenarten (Geochelone spp.)
	Rotfärbung des Auges	Trauma, bakterielle Infektion
Respirationstrakt	Nasenausfluss, Bläschen vor der Nase	bakterielle und/oder virale Infektion (bei Landschildkröten vor allem Mykoplasmen), Lungenentzündung, bei Schnupfen oft Begleiterscheinung einer starken Verwurmung bei Landschildkröten
	Atemgeräusche	Lungenentzündung, Lungenwürmer, Pentastomidenbefall, „Zischen" als Abwehrmaßnahme
	Atmung mit geöffnetem Maul	Lungenentzündung (bakteriell, viral oder parasitär bedingt), Überhitzung, Deformierung des Mauls

▶ KÖRPERTEIL	▶ SYMPTOME	▶ URSACHEN
Veränderungen am Rumpf	Weichteilschwellungen, Ödeme	Nierenerkrankungen, Herz- und/oder Kreislauferkrankungen, Schilddrüsenunterfunktion, lange Hungerperioden
	herdförmige Schwellungen unter der Haut	Abszesse, Parasiten (Sparganose), Blutergüsse, Tumoren
	angeschwollene Gliedmaßen	Knochenbruch, Gelenkentzündung, Gelenkgicht, Abszesse, Rachitis bei Leguanen (Hintergliedmaßen), Knochenverschiebungen (Luxationen), Phlegmone (durch infizierte Wunden)
	Deformierung des Skeletts bzw. des Panzers	Vitamin-D-Mangel, Kalziummangel, UV-Lichtmangel, Nierenerkrankungen
	weicher Panzer, verformbare Knochen	Vitamin-D-Mangel, Kalziummangel, UV-Lichtmangel, Nierenerkrankungen
	Absterben und Eintrocknen von Zehen- bzw. Schwanzspitzen	Häutungsreste, Verletzungen, Infektionen mit Pilzen und/oder Bakterien
	Umfangsvermehrung des Hinterleibes	Verfettung, Verstopfung, Aufgasung, Trächtigkeit, Legenot, Tumoren, Abszesse, Darmentzündung durch Bakterien oder Amöben

KÖRPERTEIL	SYMPTOME	URSACHE
Verdauungtrakt	Entzündungen und/oder Blutungen im Maul	bakterielle Infektion, Verletzung
	eitrige Beläge auf der Zunge	bei Landschildkröten: Herpesvirusinfektion, bakterielle Infektion
	klarer oder eitriger Schleim im Maul	Lungenentzündung (bakteriell, viral oder parasitär bedingt)
	zu langer Hornschnabel bei Schildkröten	inadäquates Futter (zu raufaserarm, eingeweicht oder klein geschnitten)
	auffallend starkes Trinkbedürfnis	Nierenerkrankungen, Endstadium der Trächtigkeit, Verstopfung, zu niedrige Luftfeuchte
	Erbrechen	zu kühle Haltung, Stress nach Nahrungsaufnahme, bakteriell bedingte Magenschleimhautentzündung, Fremdkörper im Magen, Parasitenbefall, insbesondere Spulwürmer und Kryptosporidien
	Durchfall	Darmentzündung, plötzliche Nahrungsumstellung, Parasitenbefall, Medikamentennebenwirkung, zu rohfaserarmes bzw. zu zuckerhaltiges Futter wie Obst
	Verstopfung	zu rohfaserarmes Futter, zu geringe Luftfeuchte, Wassermangel, Fremdkörper (vor allem Aufnahme von Sand, Kies), Bewegungsmangel, Parasitenbefall
	Darm- und Kloakenvorfall	Darmentzündung durch Bakterien- oder Parasitenbefall, Verstopfung, Pressen bei Eiablage bzw. Legenot, zu geringe Luftfeuchte
Genitaltrakt	Legenot	fehlende oder ungeeignete Eiablageplätze, Stress, zu kühle Haltung, Kalziummangel, zu große oder missgebildete Eier
	Hemipenisvorfall	Hemipenisentzündung, Trauma
	Eileitervorfall	Pressen bei Eiablage bzw. Legenot, Entzündung der Eileiter

KÖRPERTEIL	SYMPTOME	URSACHE
Haut und Hautanhangsgebilde	stumpfes Schuppenkleid	Ekto- und Endoparasiten, Stoffwechselerkrankungen, Vitaminmangel (vor allem Vitamin A, C und H), Zinkmangel, Allgemeininfektionen mit Bakterien, Lebererkrankungen
	Häutungsstörungen bei Echsen und Schlangen	zu trockene Haltung, Vitamin-A-Mangel, Milbenbefall, fehlende raue Gegenstände, Allgemeinerkrankungen
	rissige, pergamentartige Haut bei Riesenschlangen, v.a. Königspythons	Vitamin C-Mangel, Endoparasitenbefall
	kleine rote oder schwarze Punkte zwischen den Schuppen	Milbenbefall
	Hautgeschwüre	virale Infektion, chronische bakterielle Infektion, Tuberkulose bei Wasserschildkröten, durchgebrochene Abszesse
	Panzernekrosen bei Schildkrlöten	bakterielle und/oder Pilzinfektion, mangelnde Wasserhygiene bei Wasserschildkröten
	Rotfärbung des Bauchpanzers bei Schildkröten	bakterielle Infektion (Septikämie), Erfrierungen
	Blasenbildung bei Echsen und Schlangen	Parasiten (Sparganose), zu feuchte Haltung ("Blister Disease"), bakterielle Infektion
	nässende Hautwunden	Verbrennungen, infizierte Wunden, Hypervitaminose A bei Landschildkröten, Pilzinfektion
	borkige Krusten	Virusinfektion, Pilzinfektion, Verbrennungen in Abheilung, Milbenbefall
	lange Hinterkrallen bei Landschildkröten	zu kleines Terrarium oder Freigehege, falscher Untergrund, Nierenerkrankungen, Blasenstein(e), Bewegungsunlust aufgrund Knochen- oder Gelenkserkrankungen der Gliedmaßen

Besuch beim Tierarzt

Einen spezialisierten Tierarzt suchen

Jeder Reptilienbesitzer sollte sich schon vor dem Auftreten von Erkrankungen erkundigen, wo der nächste auf Reptilien spezialisierte Tierarzt ist. So geht im Notfall keine wertvolle Zeit mit der Suche verloren. Dabei können die Empfehlungen von Züchtern und anderen Reptilienhaltern, die z.B. in einem Verein organisiert sind, die DGHT (Deutsche Gesellschaft für Herpetologie und Terrarienkunde e.V.) sowie das Internet (◉ Adressen, S. 119) helfen. Wenn Krankheitssymptome auftreten, sollte unverzüglich ein Tierarzt aufgesucht werden. Tagelanges eigenes Herumprobieren oder Abwarten hat schon vielen Reptilien das Leben gekostet. Je früher man nach einer Diagnose mit einer gezielten Therapie beginnen kann, umso besser sind die Chancen auf Heilung!

Echsen wie diesen Anolis oder Schlangen transportiert man am besten in Leinensäckchen. Bei kalten Temperaturen ist eine zusätzliche Isolierung nötig.

Reptilien transportieren

ECHSEN UND SCHLANGEN Für den Transport zum Tierarzt haben sich speziell für Echsen und Schlangen Leinensäckchen verschiedener Größe bis hin zum Bettbezug bei sehr großen Reptilien bewährt. Schlangen sollten je nach Größe der Futtertiere mindestens 3–5 Tage vor dem Transport kein Futter erhalten, da es sonst durch den Transportstress zum Erbrechen der angedauten Futtertiere kommen kann.

ISOLIERUNG Insbesondere bei kühler Witterung werden die Leinensäckchen zusammen mit einer Wärmflasche in einen thermostabilen Behälter, z.B. Styropor- oder Kühlbox, gegeben. Styroporboxen kann man im Zoohandel bekommen, da auch Zierfische darin verschickt werden.

PLASTIKBOXEN FÜR KLEINERE REPTILIEN Auch im Zoofachhandel erhältliche Plastikboxen und kleine Plastikterrarien eignen sich zum Transport von kleineren Reptilien. Für ganz kleine Reptilien unter 50 g Körpergewicht können auch Grillendosen

Ein Leinensäckchen für den Transport.

Erste Hilfe auf einen Blick
Verletzungen und Bisswunden
▶ Desinfektion der Wunde, z.B. mit einer Betaisodona®-Lösung.
▶ Verschmutze Wunden: Spülen unter laufendem lauwarmem Wasser.
▶ Größere Wunden: sofort zum Tierarzt, Wunden nähen lassen, eventuell Antibiotika-Behandlung, um eine Infektion zu vermeiden.
Verbrennungen
▶ Desinfektion der Wunde.
▶ Tier schnell zum Tierarzt bringen.
Prolaps/Vorfall innerer Organe
▶ Vorfall unbedingt feucht halten.
▶ Schnellstmöglich zum Tierarzt, evtl. ist eine Zurückverlagerung möglich.
Legenot
▶ Tier separat halten, einen geeigneten Eiablageplatz anbieten.
▶ Kalziumgabe, Kalzium fördert die Wehentätigkeit.
▶ Falls keine schnelle Besserung: umgehend einen Tierarzt aufsuchen.
▶ Evtl. Gabe des Wehenhormon Oxytocin nach Röntgenaufnahme durch Tierarzt.

verwendet werden. Allerdings sollte ein saugfähiger Bodengrund (z.B. Zellstoff) in diese Behältnisse hineingegeben werden, da die Tiere während des Transportes vor Aufregung oft Kot und Urin absetzen und sich dann selbst beschmutzen. Auf keinen Fall dürfen größere und schwere Dekorationsgegenstände wie z.B. Steine in das Transportterrarium gegeben werden. Sonst besteht die Gefahr, dass die Tiere verletzt oder erdrückt werden. Jedes Tier muss einzeln verpackt werden. Plastikboxen alleine halten schlecht die Wärme, sodass auch diese in thermostabile Behälter gepackt werden sollten.

Nicht frei transportieren

Transportieren Sie Ihre Reptilien nicht frei-
laufend in Ihren Händen oder auf der
Schulter sitzend. Gerade bei kühler Witterung können sich die meist aus tropischen
Gegenden stammenden Reptilien schnell
eine Infektion zuziehen.

SCHILDKRÖTEN können in Holzboxen oder
Plastikkisten transportiert werden. Allerdings
sind auch hier bei kühlen Außentempera-
turen eine Abdeckung und eine Wärmflasche
erforderlich. Ein häufig gemachter Fehler ist,
Wasserschildkröten im Wasser, v. a. bei kleineren Exemplaren in einem Plastikbeutel wie
Fische oder in einem Behälter mit Wasser, zu
transportieren. Geschwächte Tiere können,
da sie nicht an Land sitzen können und
gegen die Wasserbewegung kämpfen müssen, bei einem längeren Transport ertrinken.
Wasserschildkröten sollten daher in Plastikterrarien mit einem nassen Handtuch und
bei kürzeren Transporten (unter zwei Stunden) trocken transportiert werden. Ein mehr-
stündiger Aufenthalt an Land schadet diesen
Tieren normalerweise nicht.

So bitte nicht! Im Plastikterrarium dürfen Sie Tiere nur mit
Einstreu transportieren!

Schlangen sollten 3–5 Tage vor dem Transport kein Futter bekommen, da sie es sonst erbrechen könnten.

Zum Arzt mitbringen

Kotprobe

Zusammen mit dem kranken Tier sollte auch eine Kotprobe des Patienten in die Sprechstunde mitgebracht werden. Falls dies nicht möglich ist, weil z.B. schon länger keine Futteraufnahme und dementsprechend keine Kotabgabe mehr erfolgt ist, sollte eine Kotprobe von vergesellschafteten Tieren mitgenommen werden. Falls ein Tier im Terrarium Parasiten hat, hat es meistens die Mitbewohner infiziert, es sei denn es handelt sich um Parasiten, die einen Zwischenwirt benötigen. Der eigentliche Kot ist der braune Anteil, der von dem Tier abgegeben wird. Der weiße Anteil stellt den Urin dar und besteht aus Harnsäure und Uraten. Er ist für eine parasitologische Untersuchung in der Regel nicht brauchbar. (Ausnahme: Nachweis von Hexamiten bei Schildkröten). Die Kotprobe sollte möglichst frisch sein, da einige Parasiten sich nur wenige Stunden nach dem Kotabsatz nachweisen lassen.

KOT TRANSPORTIEREN Für Kotproben gibt es spezielle Untersuchungsröhrchen, die in der Apotheke oder beim Tierarzt erhältlich sind. Auch ein anderes kleines Gefäß, z.B. ein Filmdöschen, kann problemlos Verwendung finden. Bei sehr kleinen Mengen Kot kann ein Tropfen Wasser dazu gegeben werden, um ein Austrocknen zu verhindern. Sollte die Kotprobe einige Stunden aufbewahrt werden müssen, muss sie auf jeden Fall gekühlt werden, darf aber nicht gefroren werden.

Daten für den Tierarztbesuch

Diese Informationen sollten Sie zum Tierarzt mitbringen:

- **Daten zum Tier**
  Deutscher und wissenschaftlicher Name, Alter, Geschlecht, Nachzucht oder Wildfang, Gewicht, Zeitpunkt des Erwerbs.

- **Ihre Daten als Besitzer**
  Adresse, Telefonnummer.

- **Angaben zur Haltung**
  Haltungstemperatur, Luftfeuchte, Fütterung, Pflegemaßnahmen, Vitamingaben, Art der Beleuchtung/UV-Licht (genaue Bezeichnung der Lampe/Wattstärke, Alter der UV-Lampe).

- **Krankheitssymptome und -verlauf**
  Wie äußern sich die Krankheitssymptome? Wie lange bestehen diese Symptome schon? Ist schon eine Vorbehandlung durch den Besitzer oder einen anderen Tierarzt erfolgt? Mit welchen Medikamenten? Sind schon andere Reptilien an dieser Krankheit erkrankt oder gestorben? Sind verstorbene Tiere untersucht worden? Mit welchem Ergebnis?

Achtung, Wasserschildkröten können bissig sein!

Die Vorgeschichte der Erkrankung

Der Erfassung der Vorgeschichte der Erkrankung (Anamnese) und der wichtigsten Daten zum Tier kommen gerade in der Reptilienmedizin eine besondere Bedeutung zu. Aufgrund der Anamnese kann man oft schon eine Verdachtsdiagnose stellen, die dann durch eine gezielte Diagnostik bestätigt werden kann. Außerdem sind bei Reptilien leider relativ häufig Haltungsfehler der Grund für Erkrankungen. Mit einem entsprechenden Vorbericht können sie leichter ausgemacht werden. Wenn ein Tier nicht vom Besitzer selbst in die Sprechstunde gebracht werden kann, sollte unbedingt ein kleiner Vorbericht in schriftlicher Form der überbringenden Person mitgegeben werden.

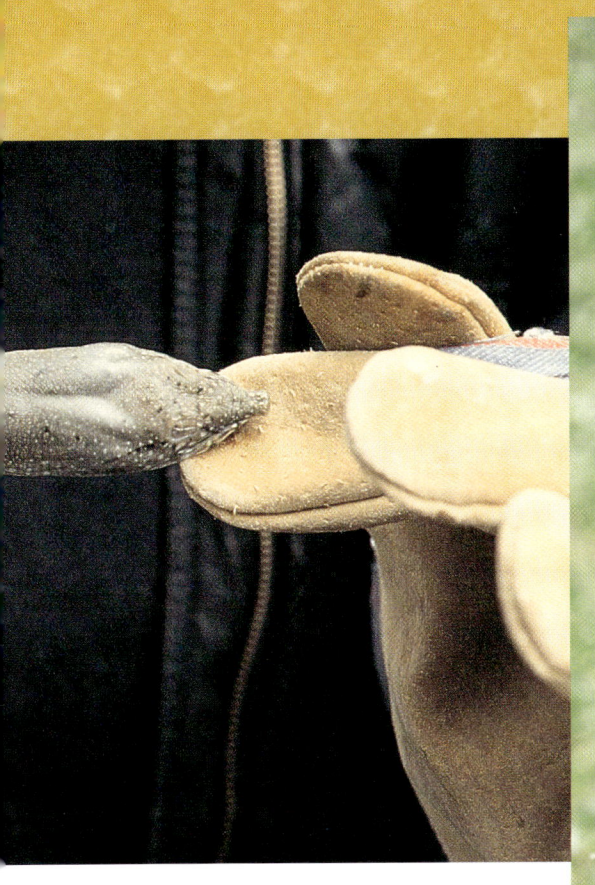

So hält man eine Schnappschildkröte richtig fest: am Schwanz, der Bauchpanzer wird hinten abgestützt.

Reptilien richtig anfassen

Für eingehendere Untersuchungen müssen die Tiere meist fixiert werden. Falls keine geschulte Tierarzthelferin in der Praxis vorhanden ist, sollten Sie Ihr Tier korrekt festhalten können.

Schildkröten

Landschildkröten sind in der Regel friedliche Tiere, die eher Probleme durch ihr defensives Verhalten machen, z.B. beim Vorverlagern des Kopfes oder Öffnen des Maules. Wasserschildkröten aller Arten können jedoch bissig sein. Auch vorher friedliche Tiere können nach Injektionen aggressiv werden. Ausgewachsene Exemplare von Geier- und Schnappschildkröten können Menschen schwere Verletzungen durch Bisse zufügen. Diese Tiere sollten nur hinten am Panzer fixiert werden, da sie erstaunlich schnell zubeißen können und mit dem Hals bzw. Kopf unerwartet weit in alle Richtungen vorstoßen.

Nicht am Schwanz anheben

Wichtig ist vor allem bei Geckos und Eidechsen, dass die Tiere niemals im Schwanzbereich angefasst werden. Dies führt zur Autotomie, dem Abwerfen des Schwanzes. Dieser Mechanismus schützt die Tiere in der freien Natur vor dem Gefressenwerden, da der Räuber sich auf den wild zuckenden Schwanz stürzt und das Tier selbst entkommen kann. Der Schwanz wird zwar nachgebildet, wächst jedoch niemals wieder so schön nach wie der ursprüngliche.

So wird eine große Echse, hier ein Grüner Leguan (Iguana iguana), **korrekt gehalten.**

Echsen

SCHMERZHAFTE BISSE Echsen können beißen, kratzen und mit dem Schwanz schlagen. Vor allem große Echsen können Ihnen durchaus ernsthafte Verletzungen zufügen. Allerdings sollte auch der Biss zum Beispiel eines Tokees nicht unterschätzt werden. Er kann sehr schmerzhaft sein, da die Tiere oft lange nicht loslassen!

ECHSEN ANFASSEN Kleinere Echsen können mit der Hand genommen werden. Manche Echsen mit samtartiger Haut, z.B. Taggeckos (*Phelsuma sp.*), sollten nicht mit der bloßen Hand, sondern mit einem Tuch gefasst werden. Da sie eine fast klebrige Haut besitzen, können sie sonst verletzt werden. Mittelgroße Echsen sollten zum eigenen Schutz mit Arbeitshandschuhen angefasst werden.

BEI DER UNTERSUCHUNG FIXIEREN Echsen sollten zur Untersuchung fixiert werden, indem die Hinterbeine an die Schwanzbasis und die Vorderbeine an den Brustkorb gelegt und fixiert werden. Große Echsen, z.B. Panzerechsen oder große Warane, erfordern spezielle Techniken, wie z.B. die Fixation mittels Fangschlinge. Bei Panzerechsen sollte bei der Untersuchung auch stets das Maul mit Klebeband oder einem starken Gummiband verschlossen werden. In Acht nehmen sollte man sich außerdem vor den Schwanzschlägen großer Echsen.

Die meisten der sehr schön gezeichneten Königsnatterarten sind dem Pfleger gegenüber friedlich, können aber anderen Schlangen gefährlich werden.

Schlangen

Schlangen sollten hinter dem Kopf gefasst werden. Wichtig ist, dass auch der Schlangenkörper abgestützt und das Tier nicht frei pendelnd gehalten wird, da ansonsten bei sehr heftigen Abwehrbewegungen Brüche der Wirbelsäule auftreten können. Kleineren Schlangen kann man erlauben, sich um den Unterarm zu wickeln. Bei großen Schlangen ist Hilfspersonal erforderlich, um die Tiere für die Untersuchung ruhig zu stellen.

AGGRESSIVE SCHLANGEN Das Handling aggressiver Schlangen sollte mittels eines Schlangenhakens erfolgen, mit dem die Schlange hinter dem Kopf auf dem Untergrund fixiert wird. Bei Schlangen, die bei Beunruhigung ein stinkendes Sekret von sich geben, kann die Kloakenregion mit einer Lage Zellstoff umwickelt werden.

GIFTSCHLANGEN Bevor Sie Ihre Giftschlange zu einem Tierarzt bringen, sollten Sie auf jeden Fall vorher nachfragen, ob in der Praxis

Schlangen sollten hinter dem Kopf gefasst werden.

Giftschlangen behandelt werden. Die meisten Tierärzte lehnen eine Behandlung dieser Tiere ab. Falls ein entsprechender Tierarzt konsultiert werden kann, bringen Sie das Antiserum mit. Sie sollten davon immer einen ausreichenden Vorrat zu Hause haben!

Zur Diagnose gehört eine genaue Betrachtung der Tiere.

Eingefallene Augen sind oft Zeichen einer hochgradigen Austrocknung.

Diagnoseverfahren

Diagnostische Möglichkeiten

Ein Symptom kann viele verschiedene Ursachen haben. Eine exakte Diagnose der Krankheitsursache ist für eine gezielte und erfolgversprechende Therapie unabdingbar. Fast alle diagnostischen Möglichkeiten, die in der Tiermedizin Anwendung finden, können auch bei Reptilien eingesetzt werden. Da Reptilien eine stark ausgeprägte Symptomarmut zeigen, d.h. ein krankes Tier ist meist apathisch und frisst nicht mehr, muss die Krankheitsursache meistens durch mehr oder weniger aufwändige Untersuchungen festgestellt werden. Von den zahlreichen Untersuchungsmethoden werden in der Regel nur einige gezielt ausgewählt, da eine Ausschöpfung aller Möglichkeiten in den allermeisten Fällen nicht erforderlich und auch aus finanziellen Gründen oft nicht durchführbar ist. Einige bei Säugetieren bewährte diagnostische Methoden, wie z.B. Messung der Körpertemperatur und des Blutdruckes, haben bei Reptilien aufgrund der Physiologie dieser wechselwarmen Tiere praktisch keine Bedeutung.

Genaue Betrachtung – Adspektion

Adspektion bedeutet das Anschauen des Patienten und beinhaltet die Beurteilung des Allgemeinzustandes und bestimmter Körperpartien wie z.B. Maulschleimhaut, Kloake, Augen und Haut. Dabei werden Körperhaltung, Verhalten, Ernährungs- und Hydratationszustand (ob z.B. eine Austrocknung des Tieres vorliegt) beurteilt.

Durchtasten – Palpation

Wirbelsäule und Extremitäten können auf Verdickungen und Unregelmäßigkeiten durch z.B. Entzündungen oder Brüche abgetastet werden. Eine Trächtigkeit kann durch einen geübten Untersucher festgestellt werden – auch bei Schildkröten, bei denen aufgrund ihres Panzers viele Untersuchungen oft nur eingeschränkt möglich sind. Auch eine Verstopfung, eine Vergrößerung der Nieren und andere Organveränderungen sind so festzustellen. Die kloakale Untersuchung (d.h. das Eingehen mit einem Finger in die Kloake und das Abtasten von dort erreichbarer Organe) ist für einen geübten Untersucher geeignet, Krankheiten des Darm-, Harn, oder Genitaltraktes festzustellen.

So wird eine Schildkröte auf Eier abgetastet.

Röntgen

Mit Röntgenaufnahmen lassen sich Knochenbrüche, Fremdkörper, Verstopfungen, Blasensteine und Legenot gut diagnostizieren. Hingegen kann eine Beurteilung der inneren Organe nur manchmal erfolgen, z.B. bei einer Lungenentzündung bei Schildkröten. Durch Kontrastmittelgabe per Magensonde lassen sich auch Fremdkörper, z.B. Plastikteile, die sich sonst nicht abzeichnen, und Darmverlegungen feststellen.

Kotuntersuchung

Da erfahrungsgemäß über 80 % aller Reptilien Parasiten aufweisen und eine Parasitose bei Reptilien nicht selten eine Krankheits- oder sogar Todesursache darstellt, sollte in regelmäßigen Abständen eine Kotuntersuchung durchgeführt werden. Eier oder andere Parasitendauerstadien sowie einzellige Parasiten können ausschließlich durch die mikroskopische Untersuchung einer möglichst frischen Kotprobe nachgewiesen werden. Falls ein Tier keinen Kot mehr absetzt, kann auch eine Klokenspülung erfolgen, was aber zum Nachweis von Parasiten nicht so zuverlässig wie eine Kotprobenuntersuchung ist. Zum Nachweis bestimmter Parasiten kann auch eine Magen- oder Lungenspülung erforderlich sein.

Harnuntersuchung

Bei Reptilien, die eine Harnblase besitzen und Harn mit einem relativ großen flüssigen Anteil absetzen – dies ist zum Beispiel bei Schildkröten und Leguanen der Fall – können auch durch eine Untersuchung des Urins wertvolle Hinweise auf eine Krankheit gewonnen werden.

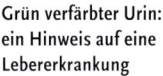

Grün verfärbter Urin: ein Hinweis auf eine Lebererkrankung

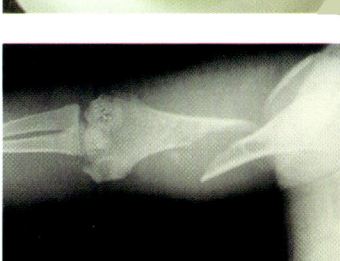

Röntgenaufnahme einer Fraktur ...

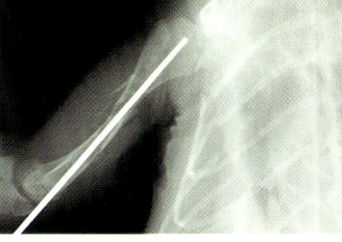

... und derselbe Bruch nach der operativen Versorgung.

Blutentnahme bei einer Landschildkröte.

Endoskopie der Speiseröhre bei einer Rotwangenschildkröte.

Blutuntersuchung

Die Blutuntersuchung ist mit das wertvollste diagnostische Instrument bei Reptilien, da damit auch Infektionen und Erkrankungen der inneren Organe, insbesondere die bei Reptilien häufigen Erkrankungen von Leber und Nieren, festgestellt werden können.

Ultraschall

Mit einer Ultraschalluntersuchung lassen sich Veränderungen der inneren Organe und Trächtigkeiten gut feststellen. Der Vorteil: Es ist keine Narkose erforderlich, im Gegensatz zum Röntgen auch keine Strahlenbelastung.

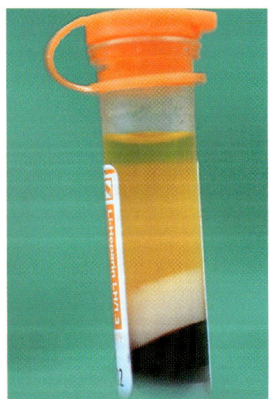

Blutprobe einer Schlange mit stark vermehrten weißen Blutkörperchen.

Endoskopie

Verfahren, um den Zustand innerer Organe zu beurteilen. Dabei wird mit einer nur wenige Millimeter dicken Optik in die natürlichen Körperöffnungen oder durch einen kleinen Schnitt in die Körperhöhle eingegangen. Nachteil: Eine Narkose ist erforderlich. Auch zur Geschlechtsbestimmung von jungen Tieren und Reptilienarten, bei denen sich Männchen und Weibchen äußerlich nicht voneinander unterscheiden lassen, wird die Endoskopie eingesetzt.

Mykologische Untersuchung

Für den Nachweis von Pilzen sind spezielle Agarplatten mit Antibiotikazusatz zur Hemmung des Bakterienwachstums nötig. Die Anzucht kann z.B. aus Hautgeschabseln oder Kotproben erfolgen und dauert unter Umständen bis zu mehreren Wochen.

Virologische Untersuchung

Spezielle aufwändige Untersuchungen auf Viren können unterschiedlich erfolgen:
▸ mittels Elektronenmikroskop aus Gewebe- oder Organteilen,
▸ mittels Antikörperbestimmung aus dem Blut,
▸ mittels PCR (polymerase chain reaction, ein molekularbiologisches Verfahren).

Ultraschalluntersuchung bei einer Landschildkröte.

Bakterienkultur auf einer Agarplatte.

Bakteriologische Untersuchung

Wenn der Verdacht auf eine bakterielle Infektion besteht, sollte eine bakteriologische Untersuchung vorgenommen werden. Dabei werden Bakterien von einem Tupfer oder von Gewebeteilen auf einer so genannten Agarplatte angezüchtet. Die Bakterien werden dann aufgrund verschiedener biochemischer Reaktionen bestimmt.

WAS AUF BAKTERIEN UNTERSUCHT WIRD Vom lebenden Tier sollten z.B. untersucht werden:
▸ Panzer- oder Hautgeschabsel bei Haut- bzw. Panzerveränderungen,
▸ Rachenabstriche beim Vorliegen einer Mundfäule,
▸ die Spüllösung einer Lungenspülprobe bei einer Lungenentzündung,
▸ Kot bei Verdacht auf Salmonellen.

RESISTENZTEST Wichtig ist, dass ein so genannter Resistenztest gleichzeitig mit der Bakterienbestimmung angelegt wird. So kann man das am besten wirksame Antibiotikum herausfinden.

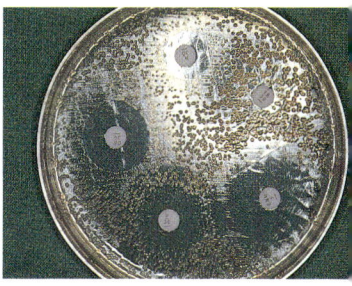

Resistenztest: Bilden sich sog. Hemmhöfe, sind die Bakterien gegen das getestete Antibiotikum nicht resistent.

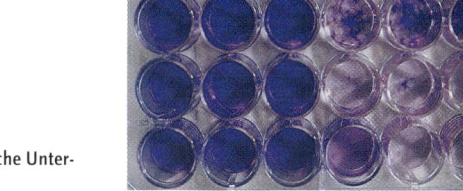

Virologische Untersuchung.

Eine Identifizierung der Bakterien erfolgt mittels so genannter „Bunter Reihen" aufgrund typischer biochemischer Reaktionen.

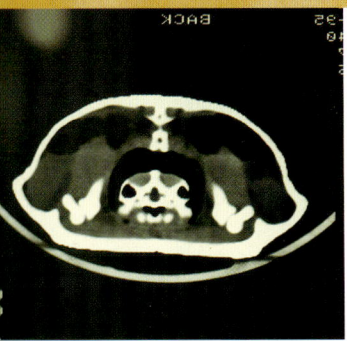

Computertomographisches Bild einer gesunden Schildkröte.

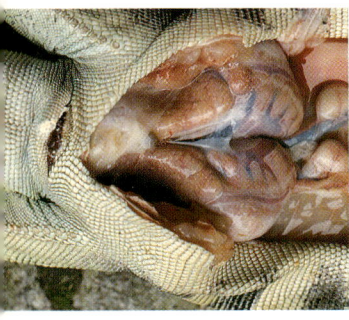

Manche Erkrankungen, hier geschwollene Nieren, sind erst nach der Sektion zu erkennen.

Weitere Laboruntersuchungen

LUNGENLAVAGE Bei einer Lungenentzündung kann eine Lungenlavage vorgenommen werden. Dabei wird eine sterile Kochsalzlösung in die Lunge eingebracht und wieder aspiriert. Die gewonnene Lösung kann auf Zellen, Parasiten und Bakterien untersucht werden.

NASENSPÜLUNG Bei Schildkröten, die im Rahmen einer Lungenentzündung Schleim aus Nase und Maul absondern, sollte eine Nasenspülung mit steriler Kochsalzlösung vorgenommen werden. Die gewonnene Flüssigkeit wird in speziellen Labors auf Mykoplasmen und andere Bakterien untersucht.

ZUNGENABSTRICH Bei Verdacht auf eine Herpesinfektion bei einer Schildkröte mit entsprechenden Belägen im Maul ratsam.

Computertomographie und Kernspintomographie

Meist nur in großen Kliniken besteht die Möglichkeit, eine Computertomographie (CT) oder sogar Kernspintomographie (MRI) durchzuführen. Diese Methoden sind leider sehr teuer. Allerdings können damit Erkrankungen, die anderweitig kaum erfassbar sind, z.B. Tumoren oder Abszesse innerer Organe, gut erkannt werden.

Sektion

Verendet ein Tier, dann sollte eine pathologische Untersuchung in einem spezialisierten Institut vorgenommen werden. Dadurch kann die genaue Todesursache bestimmt und weiterer Schaden für die anderen Reptilien des Bestandes durch gezielte Bekämpfung der Ursache oft vermieden werden. Der Tierkörper sollte möglichst schnell und kühl zur Untersuchung gebracht werden. Bei einer zu weit fortgeschrittenen Verwesung sind viele Untersuchungsmöglichkeiten nicht mehr durchführbar.

WEITERE UNTERSUCHUNGEN Neben der anatomisch-pathologischen Untersuchung selbst, bei der die Organe beurteilt werden, sollte auch eine pathologisch-histologische Untersuchung erfolgen. Dabei werden Teile aller Organe in Formalin eingelegt und nach einer langwierigen Vorbereitung in Paraffinblöcke eingegossen. Dann werden sie in 5 µ dicke Scheibchen geschnitten. Die Schnitte können nach Färbung unter dem Mikroskop beurteilt werden. Dabei können auch Krankheiten, die mit bloßem Auge nicht zu erfassen sind, wie z.B. in den Organen wandernde, mikroskopisch kleine Wurmlarven, Pilzbefall innerer Organe, tuberkulosebedingte Granulome oder Mikroabszesse, erfasst werden.

Baumschnüffler (Ahaetulla nasuta) gehören zu den Trugnattern. Bevor Sie mit giftigen Tieren zum Tierarzt fahren, erkundigen Sie sich, ob er sie auch behandelt.

Medikamente eingeben

Über das Maul
Bei den meisten Reptilien ist es nicht besonders schwer, das Maul zu öffnen. Dies erfordert allerdings einen Helfer, der das Tier gut fixiert. Kleine Tabletten können im Ganzen oder halbiert eingegeben werden.

Über eine Magensonde
Bei größeren Tabletten, Flüssigkeiten oder wenn das Tier die Medikamente nicht schluckt, sollten diese mittels Magensonde eingegeben werden. Dazu eignen sich beim Tierarzt erhältliche Harnkatheter aus Plastik für Katzen und Hunde, die auf die passende Länge zugeschnitten werden. Sie passen auf die üblichen Spritzen. Bei kräftigen Tieren und solchen mit scharfen Zähnen oder Hornleisten, sollte ein Holzspatel oder Maulkeil ins Maul geschoben werden, um ein Abbeißen der Sonde zu verhindern. Die Sonde sollte je nach Größe des Tiers einige Zentimeter

Eine Landschildkröte erhält eine Injektion.

die Speiseröhre herabgeschoben werden. Sie braucht nicht bis in den Magen vorgeschoben zu werden, um die Medikamente oder das Futter zu verabreichen. Das häufig empfohlene Amynin® oder Bioserm® sollte ohne eine genaue Diagnose nicht an Reptilien verabreicht werden. Und wegen des hohen Protein- bzw. Aminosäurengehaltes sollte es Pflanzenfressern sowieso nicht gegeben werden, da bei Vorliegen einer Nierenschädigung das Krankheitsgeschehen negativ beeinflusst werden kann.

Zwangsfütterung

Eine Zwangsfütterung sollte auch bei herbivoren Reptilien nicht täglich erfolgen, da es sonst zu einer Schädigung der Speiseröhre kommen kann. Bei herbivoren Spezies können erst einmal Stücke von Futterpflanzen in das Maul gesteckt werden. Werden diese wieder ausgespuckt, empfiehlt sich die Verabreichung eines Baby-Gemüsebreies per Sonde. Insekten und Fleisch fressende Reptilien sollten ganze Futtertiere oder Teile davon ins Maul gesteckt bekommen. Oft drohen diese Tiere und es ist dann ganz leicht, z.B. ein Heimchen in den Rachen zu stecken. Wenn das Futter nicht abgeschluckt wird, sollten auch diese Tiere ihre Nahrung per Sonde erhalten, z.B. eine Katzen-Flüssigdiät und zwar ca. 1 ml pro 100 g Körpergewicht.

Manchmal wird die Medikamenteneingabe durch eine Magensonde nötig.

Euthanasie

Tierschutzgerechte Methoden
Wenn eine Krankheit schon so weit fortgeschritten ist, dass das Leben des Tieres nicht mehr zu retten ist, oder im Falle einer nicht mehr therapierbaren chronischen Krankheit, die mit einem Leiden der Tiere verbunden ist, z.B. einer Gelenkgicht, sollte das Leiden ab-

gekürzt und das Tier von einem Tierarzt eingeschläfert werden. Mit einer Überdosis Narkosemittel werden Reptilien tierschutzgerecht getötet. Hingegen ist das manchmal praktizierte und immer wieder empfohlene Einfrieren nicht tierschutzgerecht, da das Tier qualvoll über einen längeren Zeitraum verendet. Schmerzempfindung und Bewusstsein sind bei niedrigen Temperaturen bei Reptilien noch komplett vorhanden, wenn auch die Reizleitung verlangsamt ist.

Tier lästig? Kein Tötungsgrund!
Wenn ein Tier zu groß, zu ungebärdig oder einfach lästig geworden ist, ist dies gemäß Tierschutzgesetz kein Grund zur Tötung! Auch das v.a. bei zu groß gewordenen Wasserschildkröten praktizierte Aussetzen im nächsten Gewässer ist keine Lösung und überdies strafbar. Falls die Tiere unser Klima überleben, kann dies verheerende Folgen für die einheimische Fauna haben! Daher muss man sich über die Tiere, die angeschafft werden sollen, genau informieren, um unliebsame Überraschungen zu vermeiden.

Eine junge und eine ausgewachsene Rotwangenschildkröte. Bedenken Sie vor dem Kauf die Endgröße der Tiere!

▶ VERMEIDEN	▶ GRUND	▶ RICHTIGES VERHALTEN
krankes Reptil ständig anfassen oder herumtragen	Im Gegensatz z.B. zu Hund oder Katze werden Reptilien durch menschliche Zuwendung eher gestresst.	Tier in Ruhe lassen, nur absolut notwendige Maßnahmen vornehmen
fetthaltige Salben oder Öle auf Haut oder Wunden schmieren	behindert die Hautatmung und führt zu Funktionsstörungen der Haut	vorzugsweise Desinfektionslösung verwenden
Spülungen mit Kamillentee oder -extrakt bei Augenerkrankungen	Durch die darin enthaltenen Partikel kommt es zu einer zusätzlichen Reizung der Augen.	Augentropfen oder -salben nach Anweisung des Tierarztes
Anwendung cortisonhaltiger Augensalben	Es kann zu einer Zerstörung der Hornhaut und nachfolgend zum Verlust des Auges kommen.	Augentropfen oder -salben nach Anweisung des Tierarztes, keine cortisonhaltigen Augensalben oder -tropfen verwenden
selbst mit Medikamenten herumexperimentieren	Dies schadet meist mehr als es nützt und wertvolle Zeit geht verloren.	Suchen Sie einen Tierarzt auf, denn ohne genaue Diagnose ist eine gezielte Therapie nicht möglich!
Verabreichung von Medikamenten, z.B. Antibiotika, bei schwer kranken Tieren über das Maul bzw. über Magensonde	Bei erkrankten Reptilien ist die Verdauung meistens so stark beeinträchtigt, dass die Medikamente im Magen verbleiben und keine Aufnahme in den Körper erfolgt. Folge: Medikamente entfalten Wirkung nicht.	Injektion durch den Tierarzt.
Injektionen in den hinteren Körperbereich	Reptilien besitzen einen Nierenpfortader-Kreislauf. D.h.: Entweder werden hinten applizierte Medikamente in hoher Konzentration direkt in der Niere angeflutet, Folge: Organschädigung. Oder: Medikamente werden innerhalb kürzester Zeit ausgeschieden und können so nicht wirken.	Medikamente vom Tierarzt stets in vordere Hälfte des Körpers injizieren lassen.
Verabreichung des Antibiotikums Gentamycin	Substanz ist hoch toxisch für die Nieren; Tiere verenden oft an Nierenversagen.	Tierarzt muss Mittel wählen, die für Reptilien nicht toxisch sind.
Vitamin-A-Gabe bei Landschildkröten	Durch pflanzliche Nahrung nehmen die Tiere Karotinoide auf, aus denen im Organismus Vitamin A gebildet werden kann.	Auf eine abwechslungsreiche Kost achten, keine Vitaminpräparate mit Vitamin A an Landschildkröten verabreichen
mit dem Besuch beim Tierarzt warten	Wenn bei einem Reptil Krankheitssymptome erkennbar sind, ist es meist schon schwer erkrankt!	Bei Krankheitsanzeichen schnellstmöglichst einen Arzt aufsuchen.

Falsche Bedingungen im Terrarium

Leider wird der überwiegende Teil der Erkrankungen von Reptilien direkt oder indirekt durch eine falsche Haltung verursacht. Grundlegende Kenntnisse über die Haltung von Reptilien und spezielle Kenntnisse zu der gehaltenen Art sind für eine erfolgreiche Pflege unverzichtbar.

Verletzungen – Traumata
Verletzungen durch unsachgemäße Haltung bzw. Terrarieneinrichtung sind nicht selten.
FREILAUFENDE SCHILDKRÖTEN im Garten sind vielen Gefahren ausgesetzt, sodass eine Haltung in einem gesicherten Freigehege zu bevorzugen ist. Traumata durch Auto oder Rasenmäher sowie durch Trittverletzungen bei Jungtieren haben schon vielen Schildkrö-

Vom Futtertier verletzt: Boa constrictor mit Rattenbiss.

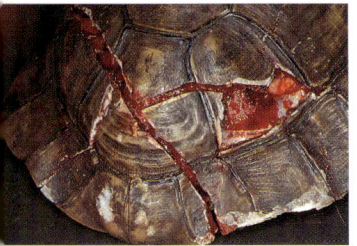

Diese Landschildkröte wurde von einem Auto angefahren.

ten das Leben gekostet. In Freigehegen ohne Abdeckung können auch Hunde, Marder, Krähen und Ratten den Schildkröten erhebliche Verletzungen zufügen. Schildkröten sollten daher ausbruchsicher in einem Freigehege untergebracht werden. Falls es sich um noch nicht ausgewachsene Schildkröten handelt, muss eine Abdeckung aus Kükendraht die Bewohner vor anderen Tieren schützen.
KINDER UND ANDERE TIERE Kinder sollten sich nur unter Aufsicht mit den Tieren befassen, da gerade Verletzungen durch Fallenlassen nicht selten sind. Auch andere Haustiere wie Katzen und Hunde dürfen nie unbeaufsichtigt mit der Schildkröte allein gelassen werden, da sie die Schildkröten oft aus Langeweile als Spielzeug benutzen. Selbst kleine Hunde können Schildkröten sehr schwer verletzen oder sogar töten.

Grüne Baumpython (Morelia viridis) benötigen Heizstrahler, die gegen einen Kontakt mit dem Tier gut gesichert sind, um Verbrennungen zu vermeiden.

GEFAHREN IM TERRARIUM Verletzungen an den Gliedmaßen können entstehen, wenn die Tiere mit ihren Krallen an Drahtgittern zur Durchlüftung hängen bleiben. Gefährliche Verletzungen ziehen auch Einstürze von beispielsweise Steinaufbauten vor allem bei grabenden Echsen nach sich. Achten Sie daher auf eine fachgerecht aufgebaute, verklebte Dekoration.

BEHANDLUNG Verletzungen sollten z.B. mit Betaisodona®-Lösung desinfiziert werden, um einer Infektionen vorzubeugen. Bei größeren Wunden muss umgehend ein Tierarzt aufgesucht werden, damit die Wunden gegebenenfalls genäht und antibiotisch versorgt werden können. Bei tiefen Wunden und Bisswunden müssen stets Antibiotika eingesetzt werden, um eine Infektion mit eventuell tödlichem Ausgang zu verhindern.

Verbrennungen

Verbrennungen sind leider häufig zu diagnostizieren. Ursache dafür können ungeschützt angebrachte Strahler sein.

SCHUTZKÖRBE ANBRINGEN Wenn kein Schutzkorb um Heizstrahler oder Lichtquellen angebracht ist, sodass die Tiere direkt in Kontakt mit den Heizquellen treten können, sind Verbrennungen vorprogrammiert. Bei Reptilien verhält es sich ähnlich wie mit Kleinkindern: Bis sie die Verbrennung spüren, ist es schon zu spät. Ebenfalls können Heizmatten, die statt unter im Terrarium angebracht sind, Verbrennungen verursachen. Auch an sich nur mild heizende Matten können bei schweren Schlangen, z.B. Boas und Pythons, allein durch den sich bildenden Hitzestau Verbrennungen verursachen. Auch Spotstrahler und UV-Lampen sind in dieser Hinsicht im wahrsten Sinne des Wortes „brandgefährlich".

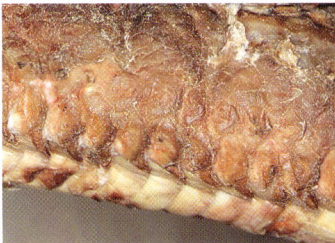

Eine Boa constrictor mit Verbrennungen.

Wasseragame (Physignatus cocincinus) mit Verbrennungen durch einen falsch angebrachten Heizstrahler.

Dieser Stirnlappenbasilisk (Basiliscus plumifrons) **häutet sich in Fetzen – ein völlig normaler Vorgang.**

BEHANDLUNG Sollte es zu Verbrennungen gekommen sein, muss schnellstmöglich ein Tierarzt aufgesucht werden. Auch scheinbar geringe Verbrennungen können oft tödliche Folgen für Reptilien haben. Typischerweise sterben die Tiere nicht sofort, sondern meist 1–2 Wochen später. Es müssen Antibiotika verabreicht werden, um sekundäre bakterielle Infektionen zu verhindern. Auf jeden Fall sollten die Tiere über mehrere Tage hinweg Infusionen erhalten, um die Flüssigkeitsverluste auszugleichen. Eine lokale Behandlung kann mit Betaisodona®-Lösung erfolgen. Wenn die Wunden verschorfen, kann auch vorsichtig und in geringen Mengen Brandsalbe aufgetragen werden.

Zu niedrige Temperatur

FOLGEN Bei zu tiefen Temperaturen kann ein Reptil seine „Betriebstemperatur" nicht erreichen, sodass der Stoffwechsel gestört wird. Häufig sind Verdauungsstörungen, da die körpereigenen Enzyme die Nahrung nicht aufschließen können. Auch das Immunsystem funktioniert bei zu niedrigen Temperaturen nur eingeschränkt. Falls noch Zugluft dazukommt, z.B. beim Freilauf in der Wohnung auf dem Fußboden, kommt es leicht zu einer Infektion (z.B. Lungenentzündung).
ÜBERWINTERUNG Liegen die Temperaturen während der Überwinterung zu niedrig, kann es zu Erfrierungen kommen. Bei Landschildkröten mit geringgradigen Erfrierungen ist

Die Luftfeuchtigkeit stimmt nicht

ZU NIEDRIGE LUFTFEUCHTE Bei Tieren aus Habitaten mit hoher Luftfeuchte (z.B. tropische Regenwälder) kann eine zu niedrige Luftfeuchte zu Häutungsproblemen, Lungenentzündung und Nierenerkrankungen führen. Auch Verstopfungen durch Eintrocknung der Kotmassen mit anschließendem Darm- oder Kloakenprolaps können eine Folge zu niedriger Luftfeuchte sein.

ZU HOHE LUFTFEUCHTE V.a. bei Strumpfbandnattern, die in sehr feuchten Terrarien oder in so genannten Aquaterrarien (also Aquarien mit Landteil) gehalten werden, kann eine Blasenbildung der Haut („Blister Disease") festgestellt werden. Auch bei anderen Terrarientieren, v.a. bei Wüstenbewohnern, kann eine zu feuchte Haltung zu Infektionen und Entzündungen der Haut führen.

häufig die Linse des Auges zuerst betroffen. Kurzzeitig im Eis eingeschlossene Schildkröten sind zuerst fast reglos und zeigen kaum Reaktionen. Außerdem kann es je nach Länge und Stärke der Kälteeinwirkung zu einer Rötung des Panzers, Ödemen und einem Absterben von Gewebe kommen. Wird die normale Überwinterungstemperatur zu stark unterschritten, treten Todesfälle auf.

ERFRIERUNGEN können verhindert werden, indem man Land- und Wasserschildkröten nicht unkontrolliert im Freien überwintert, sondern diese Tiere in kühlen Kellern nagersicher unterbringt oder in einem eigens hergerichteten Kühlschrank überwintert.

BEHANDLUNG Schildkröten mit Erfrierungen sollten nicht sofort der Wärme ausgesetzt werden, sondern erst langsam über mehrere Stunden hinweg wieder an höhere Temperaturen gewöhnt werden. Bei Erfrierungen von Gliedmaßen muss eventuell die betroffene Gliedmaße amputiert werden.

Königspython (Python regius) mit Häutungsproblemen.

Strumpfbandnatter (Thamnophis sp.) mit „Blister Disease".

Die Folgen von UV-Licht und Vitamin- D-Mangel: Grüner Leguan (Iguana iguana) mit Rachitis.

Ein Taggecko (Phelsuma madagascariensis grandis) mit weichem Unterkiefer.

UV-Licht-Mangel

BEDEUTUNG VON UV-LICHT Es ist lebensnotwendig für alle Schildkröten und tagaktiven Echsen. Auch tagaktive Schlangen, wie z.B. Strumpfbandnattern, profitieren von einer UV-Bestrahlung. Mit Hilfe des UV-Lichtes kann der Reptilienorganismus Vitamin D bilden, welches Knochenerweichung und -deformationen verhindert.

FOLGEN VON UV-MANGEL Bei Jungtieren kommt es zu einer Erweichung des Knochenskeletts bzw. des Panzers (Rachitis). Auch erwachsene Tiere erleiden bei UV-Lichtmangel Knochendeformationen (Osteodystrophie). Bei den meisten Echsen wird zuerst infolge eines hochgradig weichen Unterkiefers die Futteraufnahme eingestellt. Im Endstadium kann es sogar so weit kommen, dass der Unterkiefer so weich ist, dass er herunterhängt. Bei Grünen Leguanen bildet sich typischerweise eine Auftreibung der Unterkieferknochen. Häufig sind auch Deformationen der Wirbelsäule und die Unfähigkeit, sich fortzubewegen, da die Knochen der Gliedmaßen zu weich sind.

DIE THERAPIE Erkrankungen durch UV-Lich-Mangel behandelt man außer durch eine Verabreichung von Vitamin D durch die Bereitstellung einer geeigneten UV-Lampe (◉ S. 21). Falls möglich, sollten den Tieren auch regelmäßige Sonnenbäder in ungefiltertem Sonnenlicht ermöglicht werden.

Fehlerhafte Vitaminversorgung

Vitamin-A-Mangel

URSACHE Vitamin-A-Mangel kommt nur bei jungen Wasser- und Sumpfschildkröten bei einseitiger Fütterung vor, beispielsweise wenn ausschließlich Trockenfutter gegeben wird. Dabei schwellen die Augenlider stark an. Oft befinden sich käsige Massen auf der Hornhaut der Augen. Da die Tiere nichts mehr sehen, nehmen sie meistens auch kein Futter mehr auf. Zum Teil kann diese Erkrankung mit einer Lungen- oder Mittelohrentzündung einhergehen.

Rotwangenschildkröte mit Vitamin-A-Mangel.

Vitamin-A-Überdosierung bei einer Landschildkröte: Ablösung der oberen Hautschichten.

THERAPIE Sie besteht in der Injektion eines wässrigen Vitamin-A-Präparates. Außerdem müssen die Augen lokal versorgt, d.h. gesäubert und mit einer Vitamin-A-haltigen Augensalbe mehrmals täglich behandelt werden. Eine gleichzeitig vorhandene Lungenentzündung muss mit Antibiotika therapiert werden. Zusätzlich zu den Vitamin-A-Injektionen durch den Tierarzt muss eine Futterumstellung erfolgen. Den Tieren muss pflanzliche Nahrung in Form von Löwenzahn, Wasserlinsen, Gemüse und Obst angeboten werden. Außerdem sollte neben dem Trockenfutter auch stets frische Kost, z.B. Fischstücke oder ganze Fische, Regenwürmer und Schnecken, verfüttert werden.

Vitamin-A-Überdosierung

Eine Vitamin-A-Überdosierung (Vitamin-A-Hypervitaminose) sieht man vor allem bei Landschildkröten. Sie nehmen mit ihrer pflanzlichen Nahrung genügend Karotinoide, eine Vorstufe des Vitamins A, auf. Eine zusätzliche Zufuhr des Vitamins per Injektion oder über das Maul hat krankmachende Folgen. Eine Überversorgung mit Vitamin A führt zu Ablösungen der Haut und zu Lebernekrosen, nicht selten sogar zum Tod.

THERAPIE Eine ursächliche Behandlung einer Vitamin-A-Überdosierung ist nicht möglich. Die symptomatische Behandlung umfasst die Gabe von Antibiotika zur Abdeckung von bakteriellen Sekundärinfektionen und Schwarzteebäder, die sich positiv auf die geschädigte Haut auswirken. Außerdem ist das Tier auf Zeitungspapier oder Zellstoff zu halten, um eine Verschmutzung der Haut durch Bodengrund zu vermeiden.

INFO

Zusatzgaben von Vitamin A
Herbivore Reptilien nehmen mit ihrer pflanzlichen Nahrung genügend Karotinoide auf, die im Organismus zu Vitamin A umgebaut werden. Eine zusätzliche Verabreichung von Vitamin A bei Pflanzen fressenden Reptilien, insbesondere Landschildkröten, ist bei artgerechter und abwechslungsreicher Ernährung nicht erforderlich.

Oben: eine gesunde Griechische Landschildkröte (Testudo hermanni). Unten: ein Tier der gleichen Art mit einem deformierten Panzer.

Vitamin-B1-Mangel

Ein Mangel an Vitamin B1 kommt vor allem bei Fisch fressenden Reptilien wie Strumpfbandnattern (*Thamnophis sp.*) und Wassernattern (*Nerodia sp.*) vor, wenn Fischfleisch ohne Vitaminzusatz verfüttert wird. Fischfleisch enthält Thiaminase, ein Enzym, das Thiamin (Vitamin B1) zersetzt.

SYMPTOME sind unkoordinierte Bewegungen, Krämpfe und Futterverweigerung.

BEHANDLUNG In solchen Fällen muss per Injektion Vitamin B1, am besten in Form eines Vitamin-B-Komplexes, verabreicht werden. Dies führt normalerweise innerhalb von 3–4 Tagen zum Verschwinden der Symptome. Außerdem muss bei künftigen Fütterungen mit Fischstückchen ein Multivitaminpräparat mit einem entsprechend hohen Vitamin-B-Gehalt über das Futter gegeben werden (z.B. Korvimin ZVT). Oder die Fütterung wird auf lebende Fische umgestellt. Helfen Vitamin-B-Injektionen nicht, liegt die Ursache wahrscheinlich in einer infektiösen Erkrankung des Gehirns – in diesem Fall ist die Prognose schlecht.

Falscher Fütterung und UV-Lichtmangel haben zur einer Panzerdeformation geführt.

Vitamin-C-Mangel

Vitamin-C-Mangel ist bisher fast nur bei Königspythons bekannt geworden. Er äußert sich in einer dünnen, glanzlosen und leicht einreißenden Haut. Die Ursache liegt wahrscheinlich bei Futtertieren, die in ihrem Magen-Darm-Trakt nicht genügend pflanzliche Nahrung enthalten. Abhilfe kann durch Vitamin-C-Injektionen oder Eingabe von in Wasser aufgelöstem Vitamin C per Magensonde durch den Tierarzt geschaffen werden. Bei künftigen Fütterungen sollte immer darauf geachtet werden, dass Futtertiere mit einem gut gefüllten Magen-Darm-Trakt verwendet werden.

Vitamin-D-Mangel

Dieses Vitamin wird durch den Reptilienorganismus selbst gebildet, wenn genügend UV-Licht zur Verfügung steht. Die Mangel-

Königspython mit dünner, rissiger Haut: Sie leidet an Vitamin-C-Mangel.

erscheinungen entsprechen denen von UV-Licht-Mangel. Der Tierarzt kann ein Vitamin-D-Präparat injizieren. Zusätzlich muss das Tier unbedingt ausreichend UV-Licht ausgesetzt werden. Da Vitamin-D-Mangel häufig mit Kalziummangel einhergeht, sollte auch genügend Kalzium zugeführt werden (◉ Mineralstoffe, S. 25).

Bleibende Schäden nach einer ausgeheilten Rachitis:
Grüner Leguan mit verkürztem Unterkiefer.

Vitamin-D-Überdosierung

In seltenen Fällen kann auch eine Vitamin-D-Überdosierung festgestellt werden, besonders wenn hoch dosierte Vitaminpräparate aus der Humanmedizin an Reptilien verabreicht werden. Durch die übermäßige Gabe von Vitamin D kann es zu Erkrankungen des Knochenskeletts mit ähnlichen Erscheinungen wie beim Vitamin-D-Mangel kommen. Außerdem sind bei solchen Tieren häufig Gefäßverkalkungen festzustellen. Da der Reptilienorganismus unter UV-Lichteinwirkung selbst Vitamin D herstellen kann und die genauen Bedarfswerte für bestimmte Reptilienspezies nicht bekannt sind, sollte auf die Gabe hoch dosierter Vitamin-D-Präparate verzichtet und lieber UV-Licht zur Verfügung gestellt werden.

Vitamin-E-Mangel

Vitamin-E-Mangel kommt vor allem bei Panzerechsen vor, die überwiegend mit fettem Fischfleisch gefüttert werden. Der Herzmuskel der Tiere degeneriert und weist weißliche Einlagerungen auf. Injektionen mit Vitamin E in Kombination mit Selen können Abhilfe schaffen. Allerdings lässt sich diese Erkrankung am lebenden Tier kaum diagnostizieren. Daher sollte gerade bei Panzerechsen auf eine abwechslungsreiche Fütterung mit Vitaminzusatz, darunter auch reichlich Vitamin E, geachtet werden. Natürlicherweise ist Vitamiln E in Beutetieren, die einen mit pflanzlicher Nahrung gut gefüllten Verdauungstrakt aufweisen, vorhanden.

Typisch für Vitamin-D- und Kalziummangel: Chamäleon mit Zitterkrämpfen und unkoordinierten Bewegungen.

Mineralstoff- und Spurenelementmangel

Kalziummangel

SYMPTOME Kalziummangel tritt häufig in Verbindung mit Vitamin-D-Mangel auf. Dementsprechend gleichen sich auch die Symptome, wobei eine ungenügende Mineralisierung der Knochen im Vordergrund steht. Häufig versuchen Reptilien, die an Kalziummangel leiden, durch eine massive Aufnahme von Steinen oder Sand den Kalziummangel zu kompensieren. Dieses Verhalten führt dann meistens zu einer hochgradigen und oft lebensbedrohlichen Verstopfung.

ABHILFE schafft die Bereitstellung einer Kalziumquelle, zum Beispiel bei Landschildkröten in Form einer Sepiaschale oder zerkleinerter Eierschalen und bei Echsen durch Überstäuben des Futters mit Kalziumpräparaten. Karnivore Echsen, wie zum Beispiel Warane, sollten ganze Futtertiere erhalten.

Schlangen nehmen wegen des im Skelett der Beutetiere enthaltenen Kalziums in der Regel genügend mit der Nahrung auf, sodass auf eine separate Kalziumzufuhr verzichtet werden kann.

Jodmangel

Bei Landschildkröten ist ein Jodmangel, der eine Kropfbildung zur Folge hat, nicht selten. Bei einer starken Vergrößerung der Schilddrüse kann es zu Atemproblemen, Problemen beim Schlucken der Nahrung, Ödemen (Einlagerung von Wasser ins Gewebe), sowie zu Apathie kommen. Eine Prise eines Jodpräparates ins Badewasser kann dies verhindern. Auch die regelmäßige Verfütterung von Kohl (Rosenkohl, Grünkohl, Kohlrabiblätter, Brokkoli etc.) kann infolge bestimmter Inhaltsstoffe dieser Pflanzen bei herbivoren, d.h. Pflanzen fressenden, Reptilien zu einer Kropfbildung führen. Daher sollten Sie diese Futterpflanzen nur hin und wieder anbieten.

Füttern Sie Ihren Landschildkröten nicht nur zarte Blättchen, sonst droht ein Raufasermangel.

Gefahr bei Raufasermangel: übermäßige Schnabelbildung.

Raufasermangel

Gerade herbivore Reptilien leiden nicht selten unter Raufasermangel, wenn sie nur zarte Salatblätter, Sprossen und/oder Obst erhalten. Dies kann zu Verdauungsstörungen und – bei Verfütterung größerer Mengen zuckerhaltigen Obstes – zu Fehlgärungen und Durchfall führen. Durch eine Verfütterung rohfaserarmer Nahrung wird auch ein Parasitenbefall gefördert. Landschildkröten neigen, wenn ihnen nicht regelmäßig auch Heu und harte Stängel angeboten werden, zu einer übermäßigen Schnabelbildung.

BEHANDLUNG Ein zu langer Hornschnabel muss unbedingt gekürzt werden. Dies kann der Tierarzt z.B. mittels Akku-Fräser durchführen. Das einfache Abknipsen durch Nagel- oder Krallenzange o.Ä. kann zu Rissen im Hornschnabel und zu Komplikationen führen. Natürlich muss bei einem Raufasermangel eine Futterumstellung erfolgen. Das Futter sollte Landschildkröten auf keinen Fall klein geschnitten dargereicht werden. Außerdem sollte für diese Tiere stets Heu und eine Sepiaschale zur Verfügung stehen, da auch durch deren Aufnahme der Hornschnabel beansprucht und abgenutzt wird.

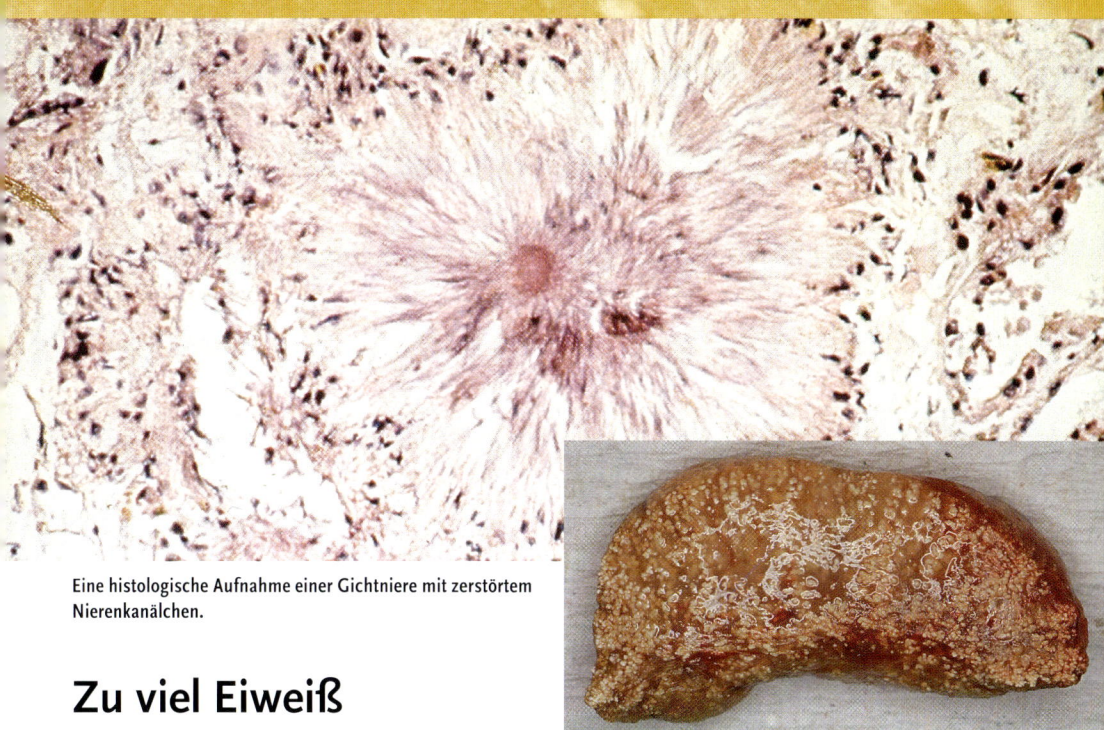

Eine histologische Aufnahme einer Gichtniere mit zerstörtem Nierenkanälchen.

Gichtniere: Die hellen Pünktchen sind Ansammlungen von Harnsäure und deren Salzen in den Nierenkanälchen.

Zu viel Eiweiß

Eine zu proteinreiche Ernährung bei Pflanzen fressenden Reptilien ist einer der häufigsten Haltungsfehler. Beispielsweise durch die Verabreichung von Hunde- und Katzenfutter, Fleisch oder handelsüblichem Schildkrötenfutter mit einem Proteingehalt von mehr als 10 % an Landschildkröten oder Grüne Leguane nehmen die Tiere zu viel Eiweiß auf. Die Folge: eine Erkrankung an Gicht.

Gicht

Das Endprodukt des Proteinstoffwechsels bei landlebenden, Pflanzen fressenden Reptilien ist vorwiegend Harnsäure. Wird relativ viel Protein verabreicht, fällt Harnsäure in so hohem Maße an, dass die Tiere sie über den Harn nicht mehr ausscheiden können. Die Harnsäure lagert sich in den inneren Organen, vor allem der Niere, und in den Gelenken ab. Dies bezeichnet man als Gicht.

SYMPTOME Die klinischen Symptome sind meistens unspezifisch, wie z.B. Apathie und Futterverweigerung. Manchmal können auch übermäßiges Trinken sowie Anschwellungen der Gelenke beobachtet werden. In einigen Fällen wird auch ein veränderter Harn mit sehr hohem Uratanteil oder kein Harn mehr abgesetzt. Durch die Nierenschwellung kann es zu Ausfallserscheinungen der Hintergliedmaßen („Hinterhandschwäche") kommen. Wenn bei Leguanen die Nieren so stark vergrößert sind, dass der Beckenausgang verlegt ist, ist auch kein Kotabsatz mehr möglich. Der Verlauf ist meistens schleichend.

DIAGNOSE Sie erfolgt vor allem über eine Blutuntersuchung, kann häufig aber auch durch eine Ultraschalluntersuchung gestellt bzw. bestätigt werden. Auch Harnuntersuchungen können Hinweise auf eine mögliche Nierengicht geben.

Ein zu gut genährter Leopardgecko.

Dieser dagegen ist stark abgemagert.

THERAPIE Sie ist in fortgeschrittenen Fällen nicht mehr möglich. Sind bereits die Gelenke betroffen, ist eine Euthanasie des Tieres anzuraten, da dies für das Tier sehr schmerzhaft ist und keine Aussicht auf Heilung besteht. Wird die Gicht frühzeitig genug entdeckt, kann eine Therapie mit Infusionen und Allopurinol, einem Gichtmittel aus der Humanmedizin, erfolgreich sein.

Einer Gicht vorbeugen

Die Prophylaxe besteht bei Gicht in der proteinarmen und rein vegetarischen Fütterung von herbivoren Reptilien, also z.B. europäischen Landschildkröten und Grünen Leguanen. Außerdem muss stets genügend Wasser zur Verfügung stehen, damit die anfallende Harnsäure bzw. deren Salze (Urate) über den Urin ausgeschieden werden können. Bei Landschildkröten empfiehlt es sich darüber hinaus, die Tier einmal wöchentlich zu baden. Auch wenn die Tiere scheinbar nicht trinken, so nehmen sie doch Flüssigkeit über die Kloake und über die Haut auf. Bei Reptilien, die aus Gegenden mit hoher Luftfeuchte stammen, z.B. Grünen Leguanen, sollte die Luftfeuchte unbedingt auch im Terrarium nicht zu niedrig gehalten werden. Sonst kann es ebenfalls zu Störungen im Wasserhaushalt kommen und Nierenerkrankungen werden somit begünstigt.

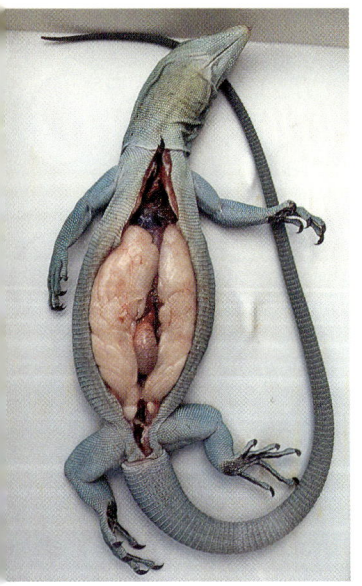

Die Sektion zeigt: Das Tier ist verfettet.

Leopardgeckos neigen bei zu guter Fütterung stark zur Verfettung. Achten Sie daher auf die richtige Futtermenge.

Verfettung

Der Lebensraum in einem Terrarium oder Freigehege ist relativ klein. Darin müssen sich die Tiere das Futter nicht wie in der Natur selbst „erlaufen". Daher ist die Gefahr einer Verfettung bei Reptilien im Terrarium sehr groß. Als Folge kommt es zu einer Leberverfettung, die einen tödlichen Ausgang nehmen kann. Durch eine sparsame Fütterung – und bei herbivoren Tieren hin und wieder durch einen Fastentag – kann einer Verfettung vorgebeugt werden. Auch eine

stärkere Strukturierung des Terrariums, sodass die Tiere Hindernisse überwinden müssen, sowie das Auslegen des Futters an täglich wechselnden Stellen kann bei Schildkröten einer übermäßigen Gewichtszunahme vorbeugen. Lauffreudigen Reptilien, insbesondere den meisten Echsen, sollten entsprechend große Terrarien zur Verfügung gestellt werden. Lebendfütterung speziell bei Insekten fressenden Reptilien animiert diese ebenfalls zu mehr Bewegung.

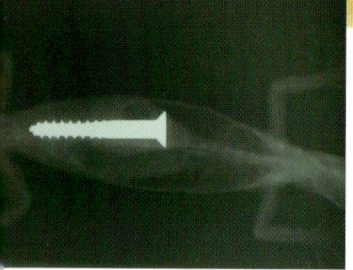

Das Röntgenbild zeigt es: Der Waran hat eine Schraube verschluckt.

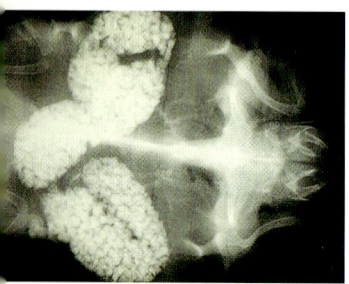

Eine Wasserschildkröte hat wegen Kalziummangel massenhaft Kies gefressen.

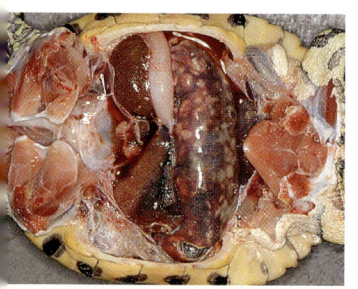

Bilderfolge: Röntgenbild, Sektion und geöffneter Darm.

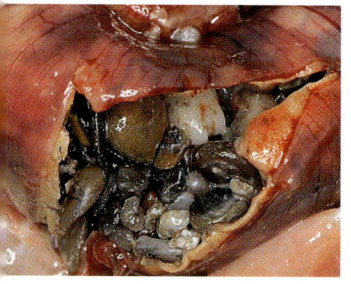

Um solch tödliches Verhalten zu vermeiden, achten Sie auf eine ausreichende Kalziumversorgung.

Fremdkörper

Fremdkörper wie Steine oder Sand können von Reptilien aktiv aufgenommen werden. Dies kommt vor allem bei Tieren vor, die unter Raufaser- oder Kalziummangel leiden. Unter Umständen werden so viele Steine oder Sand aufgenommen, dass es zu einer Verlegung des Darmes kommt. Unabsichtlich aufgenommen werden Fremdkörper, wenn sie am Futter haften. Daher sollte speziell feuchtes Futter in Futterschalen angeboten werden. Auch aufgetaute Futtertiere, die ein feuchtes Fell aufweisen, an dem leicht Bodengrund haftet, sollten mit einer Futterpinzette gefüttert werden. Metallische Fremdkörper in erstaunlicher Größe werden oft ohne erkennbare Gründe von Reptilien aufgenommen und sind dann im Röntgenbild nachweisbar. Holzspäne, Stoff- und Plastikteile können jedoch nur bei einer Kontrastmittelgabe nachgewiesen werden, da diese Fremdkörper sich ansonsten nicht auf dem Röntgenbild abzeichnen.

BEHANDLUNG Bei Sand- und Kiesanschoppungen hat sich eine Behandlung mit Infusionen, Einläufen und Verabreichung von Paraffinöl per Magensonde gut bewährt. Allerdings kann es 2–4 Wochen dauern, bis sämtliche Fremdkörper ausgeschieden sind. Bei sehr großen Fremdkörpern oder solchen, die sich in die Wand des Verdauungstraktes einspießen können, muss operativ vorgegangen werden. Nicht selten muss man bei ausgesetzten Wasserschildkröten Angelhaken entfernen. Kleinere und nicht spitze Fremdkörper konnten auch schon durch Verabreichung von Sauerkraut auf natürlichem Wege entfernt werden.

Nicht selten: Eine Rotwangenschildkröte hat einen Angelhaken geschluckt.

Vergiftungen

SYMPTOME Sie sind bei einer Vergiftung je nach Auslöser sehr unterschiedlich und können von Krämpfen, Erbrechen, Lähmungen bis hin zum schnellen Verenden reichen.

BEHANDLUNG Bei Verdacht auf eine Vergiftung ist es sehr wichtig, dem Tierarzt die betreffenden Pflanzen, den Beipackzettel oder die vermuteten Substanzen mitzubringen. Oft kann eine Vergiftung nur symptomatisch behandelt werden. Für einige Substanzen gibt es aber auch spezielle Gegenmittel, die dann verabreicht werden können. Wurde das Gift bei der Futteraufnahme aufgenommen, kann der Tierarzt Magenspülungen vornehmen und auch abführende Mittel zur schnelleren Darmpassage verabreichen. Durch Infusionen kann der Kreislauf stabilisiert und die Ausscheidung des Giftes gegebenenfalls beschleunigt werden.

Vorsicht, giftig für Reptilien!

▶ **Milbenmittel:** Viele für Hunde, Katzen und Vögel verträglichen Mittel können bei Reptilien Vergiftungen mit Todesfolge auslösen.

▶ **Falsche Medikamente:** Bekannt sind Vergiftungen bei falscher Anwendung von Gentamycin, Polymyxin B, Sulfonamiden und Metronidazol. Schildkröten und Panzerechsen vertragen kein Ivermectin, das als Wirkstoff in vielen Wurmkuren enthalten ist. Auch abgelaufene Medikamente können toxisch wirken.

▶ **Desinfektionsmittel:** Nach Verwendung von Desinfektionsmitteln, v.a. auf Phenol- oder Lysolbasis, muss das Terrarium gut nachgespült und gelüftet werden.

▶ **Farben und Lösungsmittel:** Sie sollten in einem Raum mit einem Terrarium oder gar am Terrarium selbst nur angewendet werden, wenn sie gesundheitlich unbedenklich sind.

▶ **Pflanzen-, Holzschutzmittel, Insektizide:** Sie sind eine Gefahr für Reptilien, besonders Schneckenkorn im Garten. Auch wenn es nur außerhalb eines Schildkrötenfreigeheges angewendet wird, kann es passieren, dass Schildkröten Schnecken fressen, die bereits Schneckenkorn aufgenommen haben, aber noch bis in das Schildkrötengehege gekommen sind.

▶ **Pflanzen:** Gegenüber giftigen Pflanzen sollen herbivore Reptilien eine gewisse Toleranz besitzen bzw. sie erst gar nicht fressen. Es sind trotzdem Vergiftungsfälle mit z.B. Eiben bei Landschildkröten bekannt. Stark oxalsäurehaltige Pflanzen wie Rhabarber und Spinat können eine Oxalsäurevergiftung hervorrufen oder bei häufiger Aufnahme auch Blasensteine verursachen.

THEMA

INFEKTIONSKRANKHEITEN UND ANDERE ERKRANKUNGEN

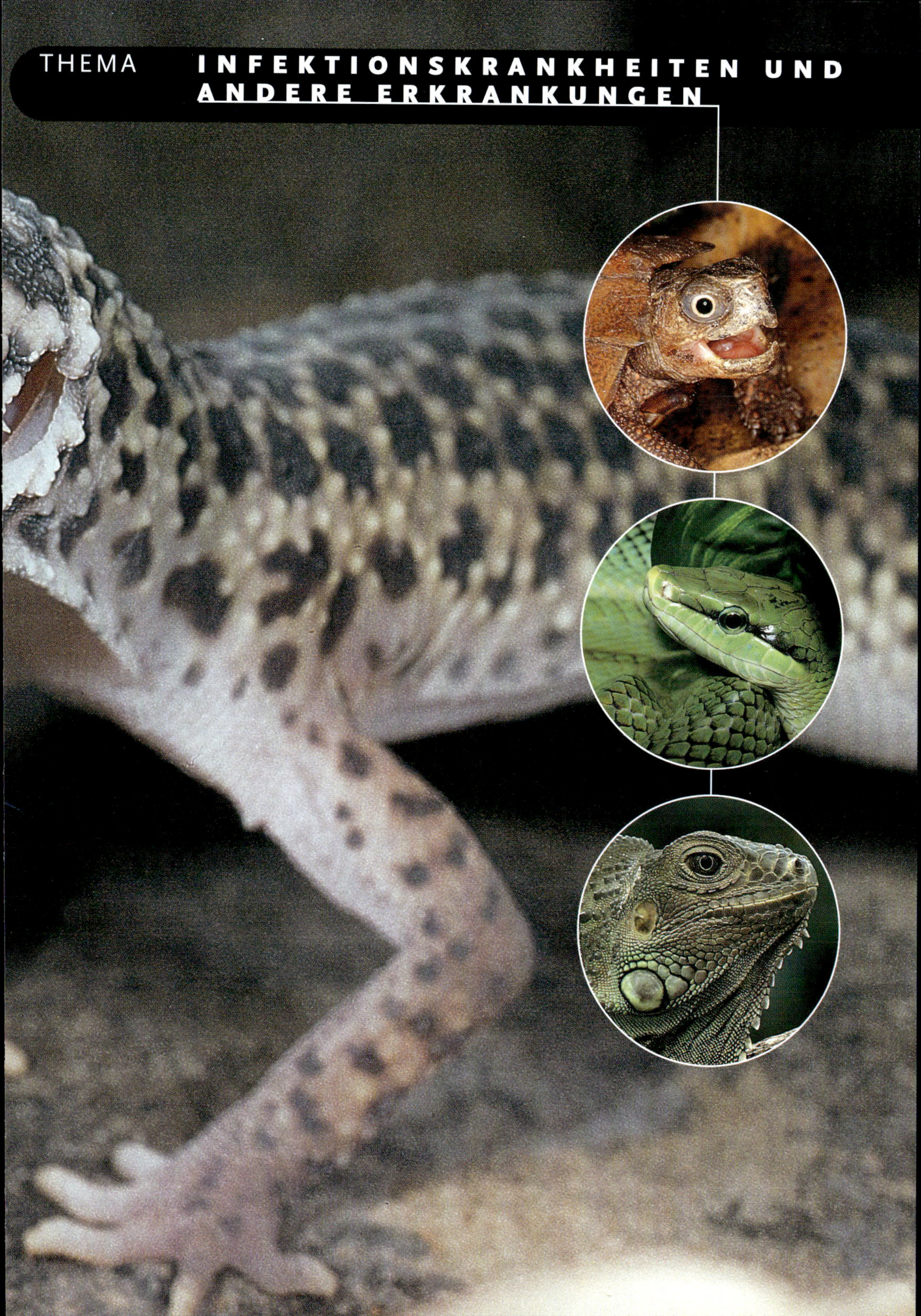

Das Auge eines gesunden Grünen Leguans ohne Parasitenbefall.

Die roten und schwarzen Pünktchen am Auge dieses Leguans
sind Milben.

Ektoparasiten

Außenparasiten (Ektoparasiten) sind aufgrund ihrer Größe in der Regel mit bloßem
Auge sichtbar. Sie schädigen den Wirt, also
das Reptil, durch den Entzug von Blut und
können dabei außerdem noch Krankheiten
wie Blutparasiten, Bakterien und Viren übertragen. Zudem treten häufig Entzündungen
der Haut bzw. der Bissstellen mit Juckreiz
auf. Das kann sich in heftigem Scheuern der
Tiere äußern und zu einer ständigen Beunruhigung der Tiere führen.

Zecken
Zecken sind besonders häufig bei frisch
importierten Königspythons und bei Wildfängen von Landschildkröten zu finden. Neben dem Blutsaugen können sie auch Blutparasiten übertragen. Bei Zecken von importierten Sporenschildkröten und Gelenk-
schildkröten aus Afrika wurden bestimmte
Viren, die Erreger der Herzwasserkrankheit
bei Rindern, entdeckt, sodass die USA den
Import dieser Tiere verboten haben.
BEHANDLUNG Die Zecken sollten entfernt
werden, wobei darauf geachtet werden muss,
dass der Kopf nicht zurückbleibt. Die Biss-

stelle wird danach mit Betaisodona®-Lösung
desinfiziert. Es sollte kein Öl oder Ähnliches
auf die Zecke getropft werden, da die Zecken
dann noch den infizierten Speichel in den
Blutkreislauf des Wirtstieres bringen können,
bevor sie absterben.

Milben
Schlangenmilben (meist *Ophionyssus natricis*)
befallen nicht nur Schlangen, sondern auch
Echsen und sind häufig als Ektoparasiten zu
finden. Schildkröten werden fast nie von Milben befallen. Neben dem Blutentzug verursachen sie eine Entzündung der Haut und können verschiedene Krankheitserreger übertragen. Bei Schlangen kann ein auffallend häufi-
ges oder langes Baden auf Milbenbefall hinweisen. Bisher friedliche Schlangen können
bei einem starken Milbenbefall durch den
ständigen Juckreiz reizbar und aggressiv werden. Gut erkennbar sind die Milben bei Reptilien v.a. um die Augen, bei Echsen am Trommelfell und an der oft heller gefärbten Bauch-
unterseite. Jeder Neuzugang und milbenver-
dächtige Tiere sollten sorgfältig mit einer
Lupe unter einer Lampe gemustert werden.

BEHANDLUNG Zur Behandlung von Milben wird immer noch Neguvon® empfohlen. Doch durch dieses Präparat wurden nicht selten Todesfälle bei Reptilien verursacht. Es ist inzwischen nicht mehr im Handel. Neben einer Behandlung des befallenen Tieres mit einem geeigneten Mittel ist auch eine sehr gründliche Reinigung des Terrariums erforderlich, da ein großer Teil der Milben sich in der Einrichtung des Terrariums und nicht auf dem Tier aufhält. Eventuell kann ein so genannter Baygon Strip® im Terrarium Anwendung finden. Der Strip muss aus seiner Plastikhülle herausgeschnitten werden und passend auf das Terrarienvolumen zurechtgeschnitten werden (ein Strip reicht für 40 m³ Volumen). In einem Strumpf hängt man das Stückchen dann an die Terrariendecke, sodass die Tiere keinen Kontakt damit haben können. Der Strip sollte 12–14 Tage im Terrarium verbleiben, um auch noch aus den Eiern schlüpfende Milben abzutöten. Allerdings darf in dieser Zeit nicht gesprüht werden, um eine Vergiftung der Tiere zu vermeiden, sodass diese Methode für Pfleglinge, die eine hohe Luftfeuchte benötigen, ausscheidet. Auch das Trinkwasser muss zweimal täglich gewechselt werden, da sich die Giftstoffe darin ansammeln. Werden im gleichen Raum Spinnen, Skorpione oder Futterinsekten gehalten, müssen diese entfernt werden, da sie sonst auch abgetötet werden. Besser geeignet für die Behandlung von Milben ist ein verschreibungspflichtiges Spray vom Tierarzt. Es hemmt die Chitinbildung der Insekten und ist für Reptilien ungiftig. Zu beachten ist, dass Reptilien fast keines der handelsüblichen Insektizide aus Zoofachhandel oder Apotheke vertragen!

Ein Königspython (Python regius) mit einer Zecke am Auge.

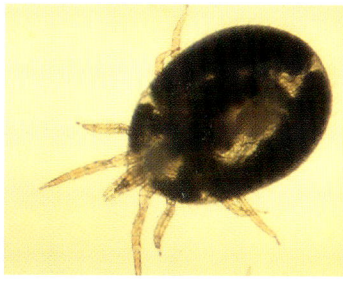

Eine Milbe unter dem Mikroskop.

Dunkle Pünktchen: ein Milbenbefall.

Albino-Tigerpython (Python molurus) mit Milben.

Blutegelbefall bei einer
Wasserschildkröte.

Nahaufnahme eines
Blutegels.

Blutegel

Egel sind fast ausschließlich bei Wasserschildkröten zu finden, speziell bei frisch
importierten Wildfängen. Die Entfernung
erfolgt manuell. Sie gestaltet sich einfacher,
wenn die Schildkröten in ein Salzbad verbracht werden (ca. 15 g/Liter Wasser), da sich
die meisten Egel dann von selbst lösen. Die
Saugstellen können mit Betaisodona®-
Lösung desinfiziert werden.

Fliegenmadenbefall – Myiasis

Besonders bei Schildkröten, die im Freigehege gehalten werden, kann es zu einer Eiablage der Fleischfliege (*Sarcophaga sp.*) an
der kotverschmierten Kloake oder an Wunden kommen. Die Larven dringen dann
durch die Haut in das darunterliegende Gewebe bis unter den Panzer ein und verursachen tiefe Wunden. Die Maden müssen so
weit wie möglich manuell entfernt werden.
Eventuell können Bäder in insektizid wirk-
samen Lösungen probiert und/oder die

Im Freigehege kann es bei Landschildkröten – hier die seltenen albinotischen Griechischen Landschildkröten – zu einem Fliegenmadenbefall kommen.

Maden mittels 3%iger Wasserstoffperoxyd-lösung aus der Wunde herausgespült werden. Dem betroffenen Tier sollten auf jeden Fall Antibiotika vom Tierarzt injiziert werden.

Endoparasiten

Parasiten eindeutig bestimmen

Es existiert eine unwahrscheinlich große Anzahl von Innenparasiten, von denen Reptilien befallen sein können. Frisch importierte Wildfänge sind zu fast 100 % davon betroffen. Jedoch sind Innenparasiten nicht selten auch bei Nachzuchten zu finden. Da es sehr viele verschiedene Endoparasiten bei Reptilien gibt, jedoch kein „Breitbandmittel" dagegen, ist eine genaue Bestimmung der Parasiten durch eine Kotuntersuchung bei einem auf Reptilien spezialisierten Tierarzt oder in einem einschlägigen Institut erforderlich, um das richtige Medikament zur Behandlung auszuwählen. Schon gegen die unterschied-

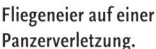

Fliegeneier auf einer Panzerverletzung.

Fliegenmadenbefall.

lichen Wurmarten sind nur bestimmte Wurmmittel (Anthelmintika) wirksam. Die am häufigsten festzustellenden Würmer sind Askariden (Spulwürmer), Cestoden (Bandwürmer), Strongyliden (Palisadenwürmer) und Oxyuren (Madenwürmer). Unter den Endoparasiten finden sich Einzeller, wie Amöben (Wechseltierchen), Flagellaten (Geißeltierchen), Ciliaten (Wimperntierchen), Kokzidien und Kryptosporidien.

Zungenwürmer sind bei Wildfängen von Waranen, Geckos und Schlangen aus Asien wie dieser Spitzkopfnatter (Gonyosoma oxycephala) zu finden.

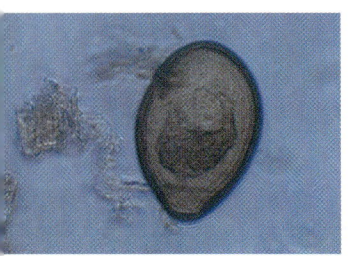

Trematodenei.

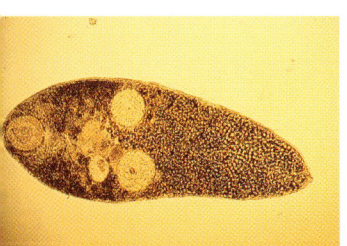

Trematode.

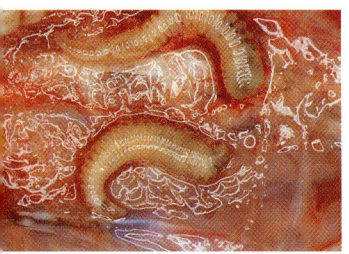

Pentastomiden in der Lunge eines Warans.

Saugwürmer – Trematoden

Trematoden kommen bei Nachzuchttieren so gut wie nie vor, da diese Parasiten einen komplizierten Wirtszyklus mit zwei bis drei Zwischenwirten aufweisen, der im Terrarium nicht geschlossen werden kann. Wenn ein Tier im Terrarium mit Saugwürmern befallen ist, können diese daher auch nicht auf andere Terrarienbewohner übertragen werden. Der Großteil der verschiedenen Saugwürmer lebt im Darm, wo sie relativ harmlos sind. Einige Arten kommen auch in verschiedenen Organen, wie der Gallenblase, den Nieren, der Leber und der Lunge vor. Die Diagnose ist anhand der typischen gedeckelten Eier möglich. Die Bekämpfung eines Befalls mit Saugwürmern erfolgt mit Medikamenten, die auch gegen Bandwürmer wirksam sind.

Zungenwürmer – Pentastomiden

Die Zungenwürmer parasitieren in der Maulhöhle und/oder der Lunge von Echsen und Schlangen. Die bis zu 15 cm großen Parasiten schädigen ihre Wirte durch die Bohrgänge der wandernden Larven und die Läsionen im Lungengewebe. Durch Sekundärinfektionen sind Lungenentzündungen mit tödlichem Ausgang möglich. Zungenwürmer sind regelmäßig bei Wildfängen von Waranen, Geckos und Schlangen aus Asien sowie von Geckos der Gattung *Phelsuma* nachweisbar. Pentastomiden benötigen in der Regel ebenfalls einen Zwischenwirt und kommen deshalb nur bei Reptilienwildfängen vor. Wildnagetiere fungieren als Zwischenwirt, jedoch konnten bei Reptilien auch schon direkte Infektionen und Reinfektionen beobachtet bzw. experimentell induziert werden.

DIE BEHANDLUNG ist schwierig, da durch die absterbenden Würmer meist eine schwerwiegende Lungenentzündung mit nicht selten tödlicher Folge provoziert wird. In Einzelfällen, vor allem bei großen Schlangen und Echsen, können die Parasiten mittels Endoskop oder chirurgisch entfernt werden. Durch die von Reptilien ausgeschiedenen Eier können auch Menschen infiziert werden, die als Zwischenwirt dienen (◉ S. 110).

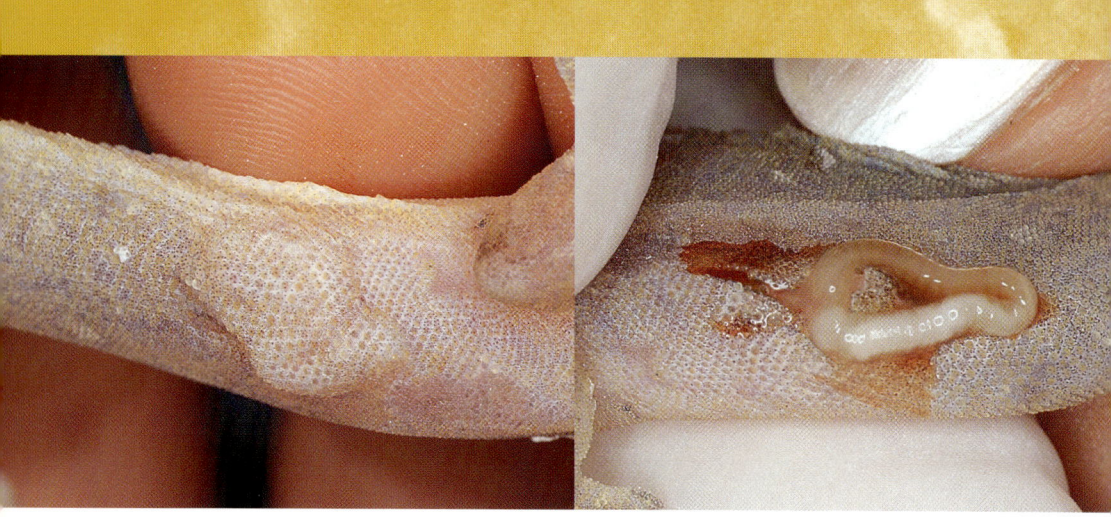

Sparganose bei einem Hausgecko. Die Larve wird nach dem Öffnen der Beule sichtbar.

Bandwürmer – Cestoden

Bandwürmer kommen nur bei Wildfangtieren vor, da sie einen Zyklus durchlaufen, der zwei Wirte benötigt. Dieser Zyklus kann normalerweise nur in der Natur, nicht jedoch im Terrarium geschlossen werden. Reptilien, bei denen Bandwürmer nachzuweisen sind, sind dementsprechend fast immer Wildfänge. Ausnahme: An die Tiere wurden der Natur entnommene Nager verfüttert, die häufig Träger von Bandwurmlarven (den so genannten Finnen) sind. Daher sollten nur unter sauberen Bedingungen gezüchtete Futtertiere an Terrarientiere verfüttert werden. Einige tropische Bandwürmer stellen auch eine Gefahr für den Menschen dar (◉ S. 109). Bandwürmer können Reptilien als Larve befallen, wobei das Reptil dann den Zwischenwirt darstellt. Die Finnen können unter der Haut leben, was als Sparganose bezeichnet wird, oder in inneren Organen wie z.B. der Leber. Stellt das Reptil den Endwirt dar, sind die Bandwürmer in der Regel im Darm zu finden. Dort ernähren sie sich vom Nahrungsbrei und geben ihre Eier in den Kot ab.

DIE DIAGNOSE eines Bandwurmbefalls des Darmes kann anhand der typischen Eier erfolgen, die allerdings nur unregelmäßig ausgeschieden werden. Ist das Reptil Zwischenwirt, wird ein Befall mit den Bandwurmlarven meist nur bei einer Sektion als Zufallsbefund festgestellt.

DIE BEKÄMPFUNG kann mit in der Tiermedizin üblichen Mitteln gegen Bandwürmer erfolgen, wobei manche Reptilien, insbesondere Königspythons, diese Mittel unter Umständen nicht vertragen. Dementsprechend sollte in solchen Fällen zwischen Nutzen und möglichem Schaden abgewogen werden.

Fadenwürmer – Nematoden

Diese bei Reptilien sicherlich am häufigsten vorkommenden Würmer parasitieren primär im Darm. Manche Arten besiedeln jedoch auch die Körperhöhle oder innere Organe, wie z.B. die Lunge. Je nach Reptilienart kommen bestimmte Nematodenarten bevorzugt vor. Da kein Zwischenwirt erforderlich ist, kann eine Übertragung direkt durch die Aufnahme von Wurmeiern erfolgen. So sind bei fast allen Landschildkröten Pfriemenschwänze (Oxyuren), die 2–4 mm lang werden, und bei einem großen Teil der Landschildkröten Spulwürmer (Askariden), die bis zu 14 cm

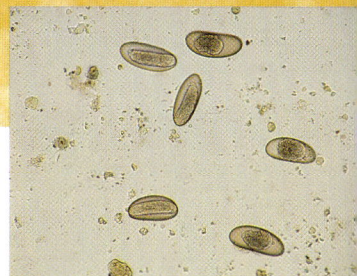

Oxyureneier.

lang werden, vorhanden. Die Jungtiere infizieren sich schon beim Schlupf, wenn sie die den Eischalen anhaftenden Wurmeier aufnehmen. Während erwachsene Schildkröten mit den Parasiten relativ gut zurechtkommen (wenn sie auch problemloser ohne ihre Würmer leben), kann ein starker Wurmbefall für Jungtiere, z.B. durch Nährstoffmangel oder die Verlegung des Darmlumens, tödlich sein.

DIAGNOSE Ein Befall mit Fadenwürmern ist normalerweise mit bloßem Auge nicht erkennbar, sondern nur durch den Nachweis der Eier im Kot möglich. Dazu ist eine mikroskopische Untersuchung nötig. Erst nach einer Entwurmung sieht man die abgehenden Würmer mit bloßem Auge.

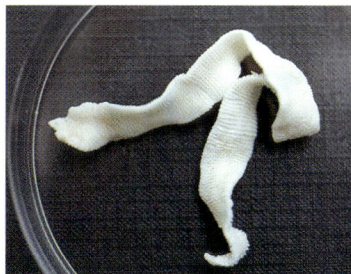

Bandwurm.

ENTWURMUNG Sie kann bei Reptilien durch verschiedene verschreibungspflichtige Medikamente mit Hife einer Magensonde erfolgen. Auch die Injektion verschiedener Präparate ist möglich, wobei bei Schildkröten und Panzerechsen kein Ivermectin verabreicht werden darf, da dies tödliche Folgen hätte.

LUNGE BEFALLEN Einige Nematoden können auch in der Lunge parasitieren wie z.B. Rhabdias-Arten. Der Nachweis kann auch hier durch eine Kotprobe geführt werden, da die Eier über die Luftröhre in die Maulhöhle gelangen, abgeschluckt werden, den Verdauungstrakt des Wirtes passieren und mit dem Kot in das Freie gelangen. Die Eier oder auch die Larven können aber auch durch Abstriche von Schleim aus dem Maul oder über eine Lungenlavage nachgewiesen werden. Bei einem Rhabdias-Befall muss die Entwurmung des Tieres durch Injektion erfolgen.

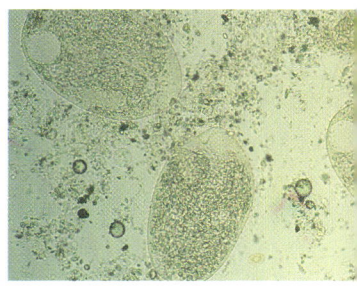

Ciliaten (Wimperntierchen).

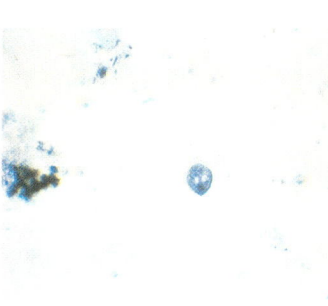

Hexamita sp.

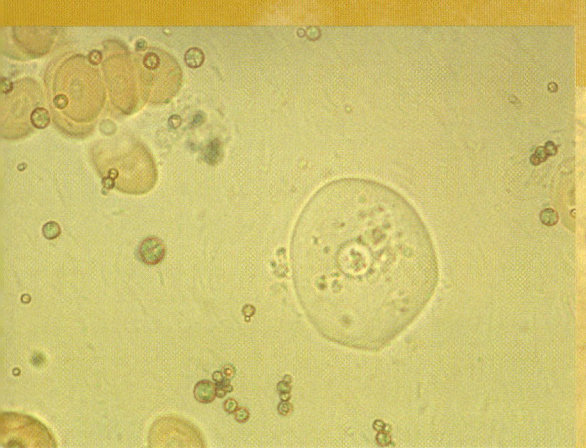

Amöbe im Nativpräparat.

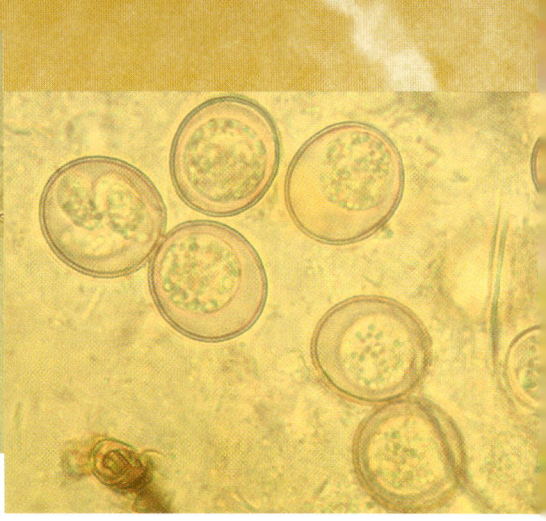

Kokzidien (Isospora sp.).

Einzellige Parasiten

Einzeller können verheerende Krankheiten mit hoher Sterberate bei Reptilien auslösen. Der Nachweis von Einzellern erfolgt über die Untersuchung von Kotproben, die aber sehr frisch sein müssen, um die Erreger feststellen zu können.

Wimperntierchen – Ciliaten

Unter den Ciliaten sind Balanthidien insbesondere für tropische Landschildkröten gefährlich, da sie bei hochgradigem Befall schwerwiegende Entzündungen des Darmes und der Leber bis hin zu Leberabszessen hervorrufen können. Die Schildkröten zeigen oft Futterverweigerung, Apathie und Durchfall. Eine Therapie kann nur mit Hilfe verschreibungspflichtiger Präparate erfolgen.

Geißeltierchen – Flagellaten

Die bekanntesten Flagellaten sind die Hexamiten, besonders *Hexamita parva*. Sie gehören sicherlich zu den häufigsten Ursachen für eine Krankheit des Urogenitaltrakts (Harn- und Geschlechtstrakt) bei Schildkröten. Dabei befallen diese Flagellaten nicht nur den Darm, sondern steigen auch in das Urogenitalsystem auf und verursachen insbesondere in den Nieren Entzündungen.

SYMPTOME Typisch ist bei Hexamitenbefall ein schleimiger Urin. Unter dem Mikroskop sieht man darin häufig auch rote Blutkörperchen (Erythrozyten). Außerdem nehmen die Schildkröten trotz vorhandenem Appetit ab und trinken manchmal auffällig viel. Dabei wirken sie trotzdem ausgetrocknet, was an den eingefallenen Augen erkennbar ist. Der Verlauf kann chronisch sein und sich über mehrere Jahre erstrecken, bevor die Tiere schließlich verenden.

BEKÄMPFUNG Sie kann mit Hilfe eines Wirkstoffs aus der Humanmedizin, dem so genannten Metronidazol, erfolgen, wobei hier jedoch schon Probleme mit resistenten Stämmen aufgetreten sind.

Wechseltierchen – Amöben

Eine der am meisten gefürchteten und heimtückischsten Krankheiten stellt die Amöbiasis dar. V.a. Schlangen und die meisten Echsen sind sehr empfänglich gegenüber diesem Einzeller. Schildkröten sind häufig Träger von Amöben (weshalb sie nicht mit Schlangen oder Echsen vergesellschaftet werden sollten), erkranken jedoch selten.

DIE SYMPTOME können in Durchfall und bei Schlangen in Liegen in ausgestreckter Hal-

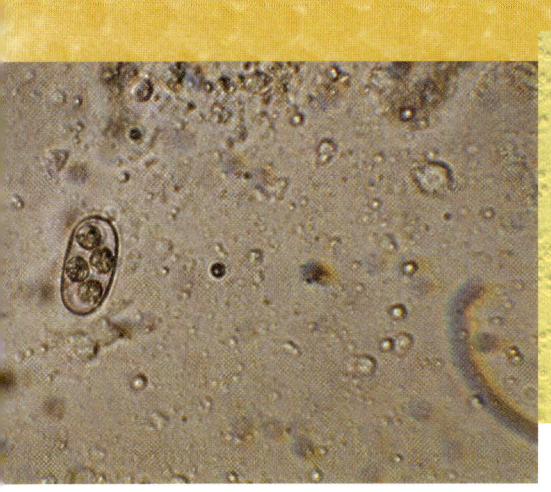

Kokzidien (Eimeria sp.).

Kryptosporidien.

tung bestehen. Manchmal zeigen Schlangen auch Erbrechen von Futtertieren 1–3 Tage nach der Futteraufnahme. Häufig treten jedoch plötzliche Todesfälle auf, ohne dass vorher Symptome erkennbar waren. Oft trifft es sogar die am besten genährten Tiere zuerst. **EINE THERAPIE** kann bei befallenen Tieren mit Metronidazol in Kombination mit einem Antibiotikum (um die auch immer vorhandene Darmentzündung in den Griff zu bekommen) versucht werden. Sind jedoch schon Krankheitssymptome vorhanden, sind die Aussichten relativ schlecht. Auch die Desinfektion gestaltet sich schwierig, da Amöben Dauerzysten bilden, die fast gegen sämtliche Desinfektionsmittel resistent sind.

Kokzidien

Diese Einzeller, die im Epithel des Darmes parasitieren, sind bei Bartagamen am häufigsten zu finden. Aber auch bei Chamäleons, Geckos und Dornschwanzagamen sowie bei Boas sind sie nicht selten zu diagnostizieren. Hingegen sind Schildkröten nur sehr selten betroffen. Ein mittel- bis hochgradiger Befall kann sich in Abmagerung und blutigem Durchfall äußern. Eine Therapie ist mit Sulfonamiden möglich.

Kryptosporidien

Diese Einzeller parasitieren in der Magenschleimhaut von Reptilien. Bei Schlangen lösen sie 2–4 Tage nach der Futteraufnahme Erbrechen aus. Im fortgeschrittenen Stadium verdickt sich die Magenwand bei gleichzeitiger Abmagerung der Schlange so stark, dass eine typische Verdickung am Übergang vom ersten zum zweiten Körperdrittel zu sehen ist. Die Schlangen sterben meist infolge Verhungerns. Bei Echsen kann ein Befall mit Kryptosporidien Abmagerung und Durchfall verursachen. Bei Schildkröten wurde ein Kryptosporidienbefall schon mit spontan auftretender Panzererweichung bei Jungtieren, die ausreichend mit Kalzium und Vitamin D versorgt waren, in Verbindung gebracht. **BEHANDLUNG** Eine wirksame Therapie gegen Kryptosporidien ist bei Reptilien nicht bekannt. Eine Kryptosporidienart (*Cryptosporidium parvum*) ist auch ein Zoonoseerreger.

Verdickung in der Magengegend bei einer Kornnatter mit Kryptosporidienbefall.

Abszesse können sich auch unter der Haut befinden wie bei dieser Boa.

Ein äußerlich sichtbarer Abszess im Unterkiefer eines Grünen Leguans.

Bakterielle Infektionen

Erkrankungsformen und Therapie

Bakterien sind einzellige Organismen. Eine Vielzahl von Bakterien kann bei Reptilien Erkrankungen auslösen. V.a. gramnegative Bakterien (solche, die sich mit der Färbung nach Gram nicht anfärben lassen) spielen bei Reptilien eine Rolle als Krankheitserreger.

SYMPTOME Die Erkrankungen durch Bakterien können lokal begrenzt sein, z.B. Entzündungen der Haut oder Abszesse, aber auch Allgemeinerkrankungen auslösen. Es können verschiedene Organe betroffen sein, wie z.B. Lunge, Darm oder Niere, was dann jeweils zu einer Pneumonie (Lungenentzündung), Enteritis (Darmentzündung) oder Nephritis (Nierenentzündung) führt. Der Verlauf kann akut (also sehr schnell) bis chronisch (langsam) sein.

THERAPIE Bakterielle Infektionen können mittels Antibiotika therapiert werden. Allerdings muss dies frühzeitig erfolgen, da es nichts nützt, wenn zwar die krank machenden Bakterien abgetötet werden, das betroffene Organ aber schon zu sehr geschädigt ist, um seine Funktion aufrechterhalten zu können.

Eine Rotwangenschildkröte mit einem deutlich erkennbaren Ohrabszess. Der Abszess muss durch einen Tierarzt entfernt werden.

Abszesse

Abszesse können äußerlich sichtbar sein und unter der Haut, in der Muskulatur oder in inneren Organen vorkommen. Im Haut- und Muskelbereich sind sie häufig die Folge infizierter Bisswunden, z.B. nach Raufereien. Bei Reptilien ist der Eiter nicht dünnflüssig, sondern quarkartig. Im Gegensatz zum Säugetier kommt ein Aufbrechen und Abfließen des Eiters nur extrem selten vor. Die Abszesse wachsen permanent weiter oder verkalken. **BEHANDLUNG** Äußerlich sichtbare Abszesse müssen je nach Lage, Größe und Tier unter Lokal- oder Allgemeinanästhesie chirurgisch angegangen werden. Außerdem sind die meisten Abszesse bei Reptilien von einer ausgeprägten Abszesskapsel umgeben. Sie muss ebenfalls chirurgisch entfernt werden,

da sich ansonsten wieder ein neuer Abszess bilden kann. Nach der Abszessentfernung ist eine Allgemeinantibiose zur Vorbeugung einer erneuten Abszessentstehung ratsam. **OHRABSZESSE BEI SCHILDKRÖTEN** Besonders bei Wasser- und Landschildkröten sind Ohrabszesse durch Bildung von Eitermassen im Innenohr und der Eustachischen Röhre nicht selten. Vitamin-A-Mangel scheint bei Wasserschildkröten die Entstehung zu begünstigen. Auch hier hilft nur eine operative Entfernung. Über den Blutweg können die verursachenden Bakterien auch in innere Organe gelangen und dort Abszesse verursachen. Abszesse in den inneren Organen bleiben meist lange unbemerkt und können für spontane Todesfälle verantwortlich sein. Die Diagnose erfolgt oft erst bei der Sektion.

Diese Wasserschildkröte leidet an einer Panzernekrose.

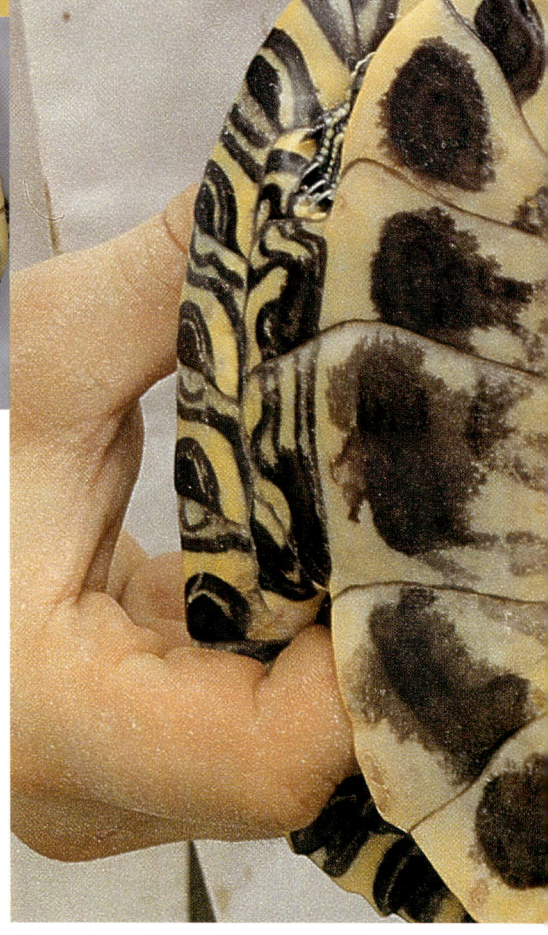

Ein gesunder Bauchpanzer einer Wasserschildkröte.

Panzernekrosen

Als Panzernekrose wird eine Infektion des Schildkrötenpanzers mit Bakterien und/oder Pilzen bezeichnet. Vor allem durch kleine Wunden können die Krankheitserreger eindringen und zum Absterben von Gewebe führen. Unter den Hornplatten entwickeln sich stinkende Massen.

BEHANDLUNG Diese Massen werden sorgfältig unter Narkose ausgeräumt, wenn sie tiefgreifend sind. Dann können die Stellem mit Betaisodona®-Lösung oder Gentianaviolett-Lösung behandelt werden. In der Regel ist neben der lokalen auch eine systematische Behandlung mit Antibiotika angezeigt. Wasserschildkröten sollten während der meist erforderlichen 2–3wöchigen Behandlung täglich nur stundenweise ins Wasser gesetzt und ansonsten trocken gehalten werden.

Salmonellose

Bei einem hohen Prozentsatz von Reptilien lassen sich Salmonellen nachweisen, ohne dass die Tiere erkranken. Nur in Ausnahmefällen können akute Erkrankungen bei Reptilien auf Salmonellen zurückgeführt werden. Allerdings können die Keime beim Menschen mehr oder weniger schwerwiegende Magen-Darm-Erkrankungen auslösen (◉ S. 110).

Tuberkulose

Die so genannte „Kaltblüter-Tuberkulose" wird durch Mykobakterien (*Mykobacterium cheloniae*, *M. fortuitum*) hervorgerufen. Diese Krankheit ist ansteckend und verläuft in der Regel tödlich. Am lebenden Tier ist sie kaum zu diagnostizieren. Manchmal gelingt der Nachweis nach Endoskopie mit gleichzeitiger Biopsie. Es bilden sich typische Granulome in den inneren Organen. Manchmal entstehen auch Granulome direkt unter der Haut, die leicht mit Abszessen verwechselt werden

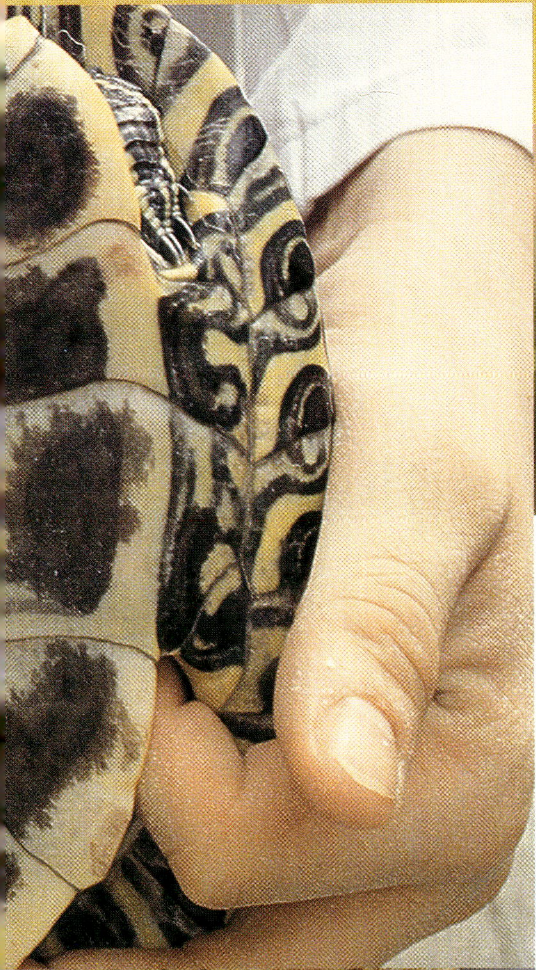

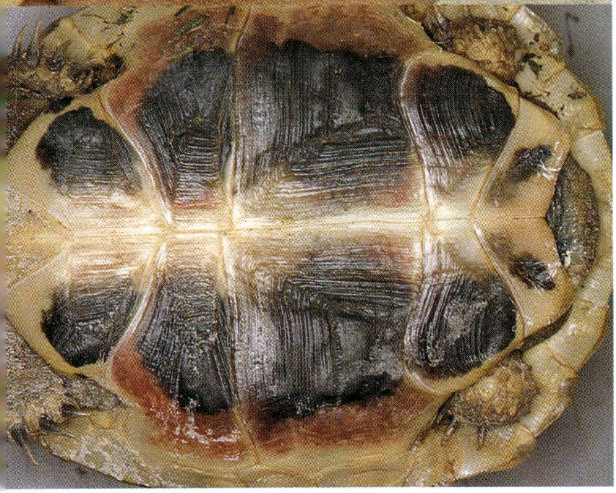

Rötungen auf dem Panzer sprechen für eine Septikämie.

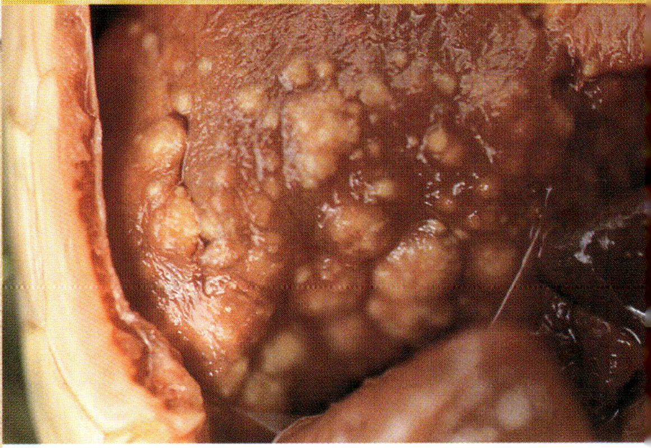

Typisch bei Tuberkulose: Granulome auf inneren Organen.

können. Die Übertragung von Mykobakterien von Futterfischen auf Fisch fressende Reptilien wie z.B. Wasserschildkröten ist möglich. Daher wird von der Verfütterung kranker oder verendeter Zierfische an Wasserschildkröten dringend abgeraten, da die so genannte Fischtuberkulose keine seltene Erkrankung bei Zierfischen ist. Allerdings konnte eine Mykobakteriose auch schon bei rein terrestrischen Arten wie z.B. Landschildkröten festgestellt werden. Auch Mykobakterien können Zoonoseerreger sein (S. 112).

Septikämie

Diese Infektion wird in den meisten Fällen durch gramnegative Keime wie zum Beispiel *Aeromonas sp.* oder *Pseudomonas sp.* hervorgerufen. Bei Schildkröten bilden sich innerhalb kurzer Zeit rötliche Flecken besonders am Bauchpanzer. Häufig ist bei Reptilien ein akuter Verlauf zu beobachten, bei dem es innerhalb von Stunden ohne deutlich erkennbare Symptome zum Tod kommt. Die Diagnose muss durch den Sektionsbefund gesichert werden, da aufgrund des schnellen Verlaufs die Therapie mit Antibiotika meist zu spät erfolgt.

Pilze

Pilze können die Haut bzw. den Panzer, aber auch innere Organe befallen. Während Haut- und Panzermykosen in der Regel mit verschiedenen Medikamenten gut in den Griff zu bekommen sind, ist die Prognose für ein Tier mit Befall der inneren Organe ungünstig. Ein Pilzbefall der Haut bzw. des Panzers kann durch ein Geschabsel und Anzüchtung der Pilze im Labor nachgewiesen werden, während ein Pilzbefall innerer Organe am lebenden Tier nur in manchen Fällen durch eine Endoskopie nachgewiesen werden kann.

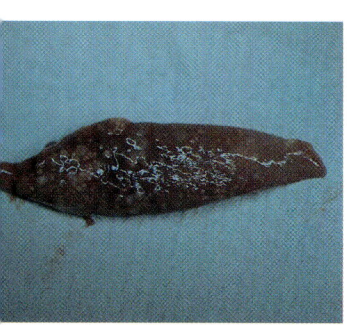

Lunge eines Basilisken mit Pilzinfektion.

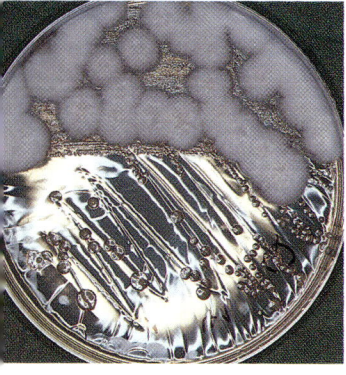

Wachstum von Pilzen (oben) und Bakterien (unten) auf einer Agarplatte.

Haut- und Panzermykosen

Bei Haut- und Panzermykosen muss das Tier auf sauberem Untergrund, z.B. Zeitungspapier oder Zellstoff, gehalten werden. Wasserschildkröten sollten 1–2 Wochen lang 23 Stunden am Tag trocken gehalten und nur 1 Stunde täglich ins Wasser gesetzt werden. Während der Abheilung werden die Zeiten, in denen das Tier ins Wasser gesetzt wird, langsam gesteigert. Pilze sind auch oft bei Panzernekrosen als Mischinfektion zusammen mit verschiedenen Bakterien beteiligt.

Lungenmykosen

Lungenmykosen können v.a. bei Reptilien diagnostiziert werden, die aus Habitaten mit hoher Luftfeuchte stammen. Werden diese Tiere bei zu niedriger Luftfeuchte gehalten, werden die Schleimhäute trocken und dadurch geschädigt, sodass sich Pilzsporen aus der Luft festsetzen können. Eine Therapie kann mit Antimykotika versucht werden.

Pilze im Darm

Ein Pilzbefall des Darmes wird oft durch Hefen verursacht und tritt öfters im Anschluss an eine Antibiotika-Therapie auf. Er kann sich in Durchfall und verändertem Aussehen des Kotes äußern. Die Diagnose ist durch mikroskopische Untersuchung des Kotes sowie Anzüchtung der Pilze aus dem Kot leicht möglich. Es sind verschiedene Bakterienpräparate zum Aufbau einer normalen Darmflora beim Tierarzt erhältlich, die über das Futter gegeben werden. In schweren Fällen kann auch ein pilzhemmendes Präparat über das Futter verabreicht werden.

Damit gesunde Tiere wie dieser Prachtskink (Riopa fernandi) nicht durch eingeschleppte Keime oder Parasiten gefährdet werden, hält man Neuzugänge zunächst in einem Quarantäneterrarium.

Viren

Allgemeines

Viren bestehen nur aus ihrer Erbinformation (DNA oder RNA) und Protein. Sie benötigen zu ihrer Vermehrung lebende Wirtszellen. Bei Reptilien sind in den letzten Jahren einige pathogene (krank machende) Viren nachgewiesen worden. Es werden in nächster Zeit durch intensivere Untersuchungen und neue Untersuchungsmethoden sicherlich noch mehr Virusinfektionen bei Reptilien entdeckt und beschrieben werden. Eine Therapie gibt es bei Virusinfektionen nicht. Eine Einschleppung in den Bestand kann ausschließlich durch eine sorgfältig durchgeführte Quarantäne und bei manchen Viruserkrankungen durch Blutuntersuchung verhindert werden.

Paramyxovirus

Paramyxoviren befallen vor allem Riesen- und Giftschlangen, aber auch andere Schlangen

Albino-Tigerpython mit zentralnervösen Symptomen infolge einer Virusinfektion.

wie ungiftige Nattern können betroffen sein. Giftschlangen scheinen am empfänglichsten zu sein. Die Tiere zeigen bei einer solchen Infektion zentralnervöse Störungen, d.h. unkoordinierte Bewegungen und Orientierungsschwierigkeiten, vermehrte Aggressivität und Krämpfe, aber zum Teil auch eine lang ausgestreckte Haltung und vermehrte Schleimbildung im Maul. Diese Krankheit ist hochinfektiös, wobei sich die Viren auch über die Luft verbreiten. Die Sterblichkeitsrate beträgt bis zu 100 %.

Die Einschlusskörperchenkrankheit betrifft fast ausschließlich Riesenschlangen, zu denen auch Königspythons zählen.

Einschlusskörperchenkrankheit der Riesenschlangen

Diese Virusinfektion betrifft fast ausschließlich Riesenschlangen. Sie wird durch Retroviren verursacht. Die Symptome sind variabel und unspezifisch. Es können zuerst Häutungsprobleme, Probleme bei der Atmung, Schwellungen im Kopfbereich, Hervorwürgen von Futtertieren und vor allem bei Pythons auch zentralnervöse Störungen wie Kopfschiefhaltung, Koordinationsstörungen und Verlust des Muskeltonus auftreten. Der Übertragungsweg ist noch ungeklärt, erfolgt aber wahrscheinlich vor allem über Milben. Die Zeit von der Infektion bis zum Ausbruch der Krankheit kann bis zu 1,5 Jahre betragen. Die Diagnose am lebenden Tier ist sehr schwierig, sodass diese Krankheit meist erst bei einer Sektion festgestellt werden kann.

Papillomavirusinfektion

Papillomaviren können bei Eidechsen typische blumenkohlartige Tumore der Haut verursachen. Die Therapie besteht in der operativen Beseitigung der Geschwulste.

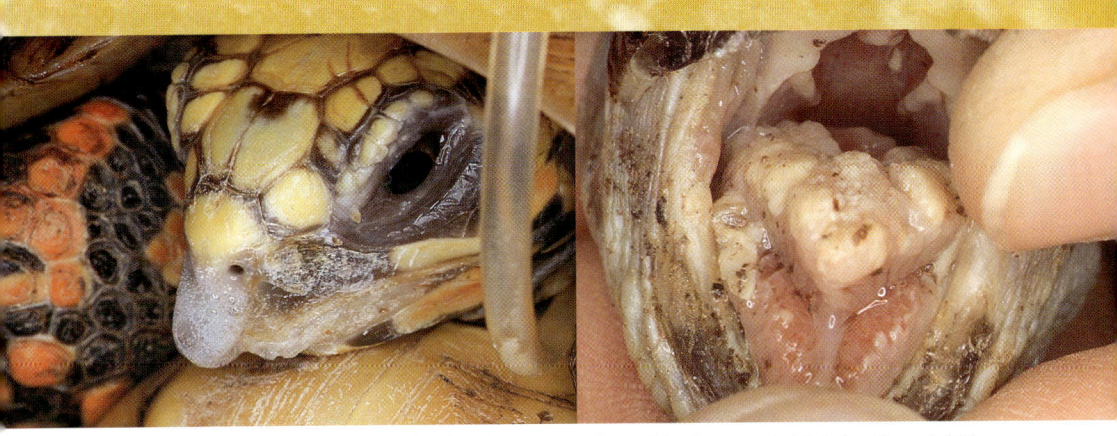

Schnupfen kann bei Schildkröten ein Anzeichen für eine Irido- oder Herpesvirusinfektion sein.

Beläge auf der Zunge: typisch bei einer Herpesinfektion.

Pockenvirusinfektion bei Panzerechsen

Pockenviren können typische Hautveränderungen bei jungen Panzerechsen verursachen. Dabei ist die Sterblichkeit der Tiere gering, solange sie nicht zusätzlichen Stressfaktoren wie Transport oder schlechten Haltungsbedingungen ausgesetzt sind.

Iridovirusinfektion

Diese Infektion betrifft Landschildkröten und geht mit einer Entzündung der Maulschleimhaut, „Schnupfen", Atemproblemen bis hin zur Lungenentzündung und Unterhautödemen einher. Der Verlauf ist meistens tödlich.

Herpesvirusinfektion bei Landschildkröten

Eine sehr gefürchtete und nicht seltene Krankheit ist die Herpesvirusinfektion bei Landschildkröten. Die verschiedenen Landschildkrötenarten zeigen eine unterschiedliche Empfänglichkeit. Besonders empfindlich sind Griechische Landschildkröten (*Testudo hermanni*) und Russische Landschildkröten (*Agrionemys horsfieldii*). Maurische Landschildkröten (*Testudo graeca*) und Breitrandschildkröten (*Testudo marginata*) erkranken ebenfalls, überleben die Infektion jedoch häufiger.

SYMPTOME Die Krankheit äußert sich in Belägen auf der Zunge, Problemen bei der Atmung bis hin zur Lungenentzündung, Apathie, Futterverweigerung. Sie endet häufig mit dem Tod der Tiere. Es ist sowohl ein akuter Verlauf mit Verenden innerhalb weniger Stunden als auch ein chronischer Verlauf über Tage hinweg bekannt. Überlebende Tiere entwickeln Antikörper, die nach einigen Wochen im Blut nachweisbar sind.

REAKTIVIERUNG DES VIRUS Die Tiere, die eine Herpesvireninfektion überleben, sind lebenslang Träger dieser Herpesviren und scheiden sie auch weiterhin aus. Dementsprechend können klinisch unauffällige, das heißt augenscheinlich gesunde, Tiere die Krankheit in einen Bestand einschleppen und in der Folge zur Auslöschung ganzer Bestände führen. Stressfaktoren wie Transport, Umgebungswechsel oder Winterschlaf können zudem das Virus reaktivieren und zu einem erneuten Ausbruch der Erkrankung mit klinischen Symptomen führen.

DER NACHWEIS kann am lebenden Tier über eine Blutuntersuchung sowie ein Zungenabklatschpräparat erfolgen. Bei verstorbenen Tieren kann die Diagnose durch eine histologische und virologische Untersuchung gestellt werden.

Hemipenis-Vorfall bei einem Kornnattermännchen.

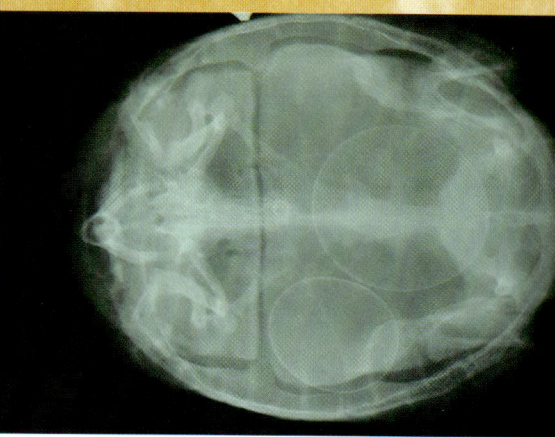

Diese Landschildkröte leidet an Legenot. Ein Ei ist zu groß.

Erkrankungen des Genitaltrakts

Penis-/Hemipenisvorfall

Bei männlichen Tieren kann es zum Prolaps (Vorfall) des (Hemi-)Penis kommen. Die Ursache ist oft unbekannt. Meist hilft nur ein operatives Vorgehen, indem der Penis wieder zurückverlagert und die Kloake durch eine Naht vorübergehend verengt wird. Falls der Penis schon abgestorbene Stellen aufweist, muss er amputiert werden, um das Leben des Tiers zu retten.

Legenot

URSACHEN Bei weiblichen Tieren kann es zu Legenot kommen, auch wenn sie nicht mit männlichen Tieren vergesellschaftet sind. Sie kann verschiedene Ursachen haben: kein geeigneter Eiablageplatz, zu kühle Umgebungs- bzw. Haltungstemperaturen, zu große oder deformierte Eier, Stress durch die Männchen oder eine neue Umgebung. Auch eine hochgradige Verstopfung und dadurch eine Verlegung der Beckenöffnung ist möglich.

SYMPTOME sind Grabversuche und hochgradige Unruhe, später Apathie.

BEHANDLUNG Zunächst Röntgenaufnahmen vom Tier machen zur Feststellung von Form und Lage der Eier. Liegt eine „psychisch" bedingte Legenot vor (fehlende Eiablageplätze, Stress) kann ein Wehenhormon (Oxytocin) die Eiablage bewirken. Oxytocingabe ohne Röntgen kann sehr viel Schaden anrichten! Falls die Eier zu groß oder stark deformiert sind, müssen sie operativ entfernt werden. Eine auf Verdacht verabreichte Oxytocininjektion kann zur Zertrümmerung der Eier mit anschließenden Komplikationen bis hin zum Tode des Tieres führen.

Follikelretention

Gerade bei sehr gut genährten weiblichen Reptilien kann es durch eine Follikelretention zu ähnlichen Erscheinungen wie bei einer Legenot kommen. Bei einer Follikelretention entwickeln sich die sprungreifen Eifollikel

Wasseragame mit Tumor am Auge.

Eine Königspython mit Missbildung: Das rechte Auge ist verkleinert.

nicht weiter, sondern bleiben im Follikelstadium bestehen. In diesem Fall hilft in der Regel nur ein operatives Vorgehen, bei dem die Follikel am besten gleich zusammen mit den Eierstöcken entfernt werden.

Tumorerkrankungen

Tumore verschiedenster Organe sind bei Reptilien beschrieben worden. Allerdings spielen tumoröse Erkrankungen bei Reptilien längst nicht so eine große Rolle wie bei Säugetieren. Die Ursachen für eine Tumorbildung sind manchmal Viren. Oft bleibt die Ursache jedoch unbekannt. Die meisten bei Reptilien festgestellten Tumore kommen auch bei Säugetieren vor. Andere Tumore treten jedoch nur bei Reptilien auf. Dies liegt an einzigartigen Strukturen und Zelltypen dieser Tiergruppe, wie z.B. Tumore bestimmter Pigment- oder Blutzellen. Auch bei Reptilien können prinzipiell gutartige und bösartige Tumore mit Metastasenbildung unterschieden werden. Wenn es sich um gut abgegrenzte Tumore handelt, können sie meist erfolgreich operativ angegangen werden.

Allerdings besteht immer die Gefahr von Rezidiven, d.h. der Neubildung des Tumors. Bei anderen Tumorarten, bei denen eine Operation nicht möglich ist, gibt es keine Heilungsmöglichkeit.

Missbildungen

Schilderanomalien sind bei Schildkröten kein seltener Befund. Sie beeinträchtigen die Tiere jedoch normalerweise nicht und sind eher als ein Schönheitsfehler zu bewerten. Andere Missbildungen können dagegen so stark ausgeprägt sein, dass Schlüpflinge damit nicht leben können und noch im Ei oder kurz nach dem Schlupf verenden. Es ist bekannt, dass Deformationen der Wirbelsäule zum Beispiel durch stark schwankende Temperaturen bei der Bebrütung von Reptilieneiern verursacht werden. Manche Missbildungen jedoch sind nicht auf Umwelteinflüsse während der Embryonalentwicklung zurückzuführen, sondern entstehen aufgrund von genetisch bedingten Ursachen.

Reptilien können auf den Menschen Krankheiten übertragen. Die Gefahr ist aber geringer als bei anderen Haustieren.

Zoonosen

Es ist relativ wenig bekannt, dass auch Krankheiten existieren, die von Reptilien auf den Menschen übertragbar sind. Diese bezeichnet man als Zoonosen. Allerdings sind es insgesamt weit weniger Erkrankungen, die wir uns von den wechselwarmen Tieren holen können als von den uns näher stehenden warmblütigen Hausgenossen wie Hund und Katze oder Nutztieren wie Rind und Schwein.

Infektionsmöglichkeiten

Eine Infektion mit einem Zoonoseerreger kann durch den Kontakt mit Reptilien oder den Verzehr ihres Fleisches erfolgen. Reptilien, insbesondere Leguane der Gattungen *Iguana* und *Ctenosaura*, sind in Mittel- und Südamerika ein üblicher Bestandteil des Speiseplanes. Auch in Asien werden Reptilien verzehrt. Als Auslöser von Zoonosen kommen Krankheitserreger aus allen Bereichen in Frage, d.h. Parasiten, Bakterien und Viren. Im Folgenden werden nur die wichtigsten Zoonosen behandelt, die weltweit am häufigsten vorkommen und/oder auch in Europa eine Rolle spielen. Durch den Tourismus sowie den Transfer von Lebensmitteln tierischer Herkunft treten auch hier vermehrt exotische Krankheiten auf. Als Tourist kann man sich in tropischen Ländern auch durch verunreinigtes Trinkwasser oder kontaminierte (verunreinigte) Lebensmittel infizieren. Manche Zoonosen können auch nur durch Kontakt mit den Tieren bzw. deren Ausscheidungen auf Menschen übertragen werden, was insbesondere bei der Haltung von Reptilien beachtet werden sollte.

Hinter den Beulen am Bein eines Warans verbirgt sich ein Befall mit Bandwurmlarven.

Infektionen durch Parasiten

Schlangenmilben

Die vor allem bei Echsen und Schlangen relativ weit verbreiteten Schlangenmilben (*Ophionyssus natricis*) können durchaus auch den Menschen befallen. Sie rufen eine Reizung der Haut und eitrige Pusteln hervor. In der Regel heilen die Veränderungen aber von selbst wieder ab. Es sollten schon beim Auftreten einzelner Milben auf Reptilien sofort Gegenmaßnahmen ergriffen werden, d.h. eine komplette Reinigung des Terrariums sowie eine Bekämpfung der Milben am Tier.

Bandwürmer

Eine Infektion mit Bandwürmern (*Sparganum spp.*, *Spirometra spp.*, Ordnung *Pseudophyllidea*) wird auch als Sparganose bezeichnet. Sie kommt in der Regel nur außerhalb Europas vor.

INFEKTIONSWEISE Die Infektion erfolgt v.a. durch Verzehr von rohem oder unzureichend erhitztem befallenem Fisch-, Frosch- und Schlangenfleisch. Sie kann auch nur durch Kontakt mit solchem Fleisch oder durch verunreinigtes Trinkwasser geschehen. Durch traditionelle Heilmethode im Fernen Osten, bei denen z.B. rohes Froschfleisch auf Wunden, Geschwüre oder erkrankte Augen aufgelegt wird, können Larvenstadien aktiv auf den Menschen übergehen.

SYMPTOME Der Mensch kann als Endwirt oder als zweiter Zwischenwirt fungieren und zeigt klinisch tumorartige (Unter)Hautschwellungen und Abszesse. Auch innere Organe und die Augenhöhlen können mit Parasitenlarven und daraus resultierenden Granulomen befallen werden. Als Endwirte fungieren normalerweise Hunde, Katzen und wild lebende Fleischfresser. Zwischenwirte können Fische, Frösche und karnivore Reptilien sein. Bei Fleisch fressenden Reptilien, v.a. Schlangen und Waranen als zweitem Zwischenwirt, treten Beulen unter der Haut auf, aus denen die Larven isoliert werden können. Insbesondere bei Wildfängen aus Südostasien können diese typischen Beulen häufig diagnostiziert werden.

BEHANDLUNG Bei einem Tier mit verdächtigen Beulen sollten diese auf jeden Fall von einem Tierarzt unter Narkose geöffnet und gegebenenfalls die Larven chirurgisch entfernt werden. Reptilien, die Bandwürmer im Darm beherbergen, können effizient mit Medikamenten behandelt werden.

Zungenwürmer

Menschen können sich durch Verzehr von Schlangenfleisch infizieren. Auch durch Genuss von Wasser oder Gemüse, das mit von Schlangen oder Echsen ausgeschiedenen Wurmeiern verunreinigt ist, kann eine Infektion mit Zungenwürmern (*Pentastomida*) erfolgen. Bei Terrarianern ist auch eine Infektion durch den Kontakt mit dem Kot befallener Reptilien möglich.

BEFALL BEIM MENSCHEN Im tropischen Afrika und in Südostasien sind in einigen Regionen bis zu 40 % der Gesamtbevölkerung befallen. Es sind jedoch auch Infektionen von Menschen aus Westasien, Jamaika und Russland bekannt. Beim Menschen als Zwischenwirt können bei stärkerem Befall Schäden in den befallenen Organen (bevorzugt Leber, Milz, Niere, Lunge, seltener Gallengänge, vordere Augenkammer und Gehirn), wie z.B. Zysten oder Abszesse, entstehen. Ist der Mensch Endwirt, siedeln sich die Parasiten im oberen Atmungstrakt an.

Kryptosporidien

Kryptosporidien gehören zur Familie der Kokzidien. Sie kommen außer bei Haustieren wie Hund, Katze, Rind, Schaf und Ziege auch bei warmblütigen Wildtieren sowie Schlangen vor. In seltenen Fällen treten sie auch bei Echsen und Schildkröten auf. Während die Infektion bei Echsen häufig symptomlos verläuft, zeigen befallene Schlangen vor allem bei ungünstigen Haltungsbedingungen deutliche klinische Symptome.

INFEKTION BEIM MENSCHEN Sie erfolgt über die Aufnahme der dickwandigen Dauerstadien (so gennante Oocysten). Bei gesunden Menschen verläuft sie symptomlos oder nur mit leichten Magen-Darm-Beschwerden. Bei

Pentastomiden-Ei.

immungeschwächten Personen kann sie jedoch mit unstillbarem Erbrechen und Durchfall einhergehen und somit zu einer lebensbedrohlichen Erkrankung werden. Als nachgewiesen humanpathogene (d.h. den Menschen krank machende) Kryptosporidienart wurde *Cryptosporidium parvum* beschrieben. Bei Reptilien werden jedoch meistens andere Kryptosporidienarten, wie z.B. *Cryptosporidium serpentis,* gefunden. Diese Art ruft beim Menschen keine Krankheitssymptome hervor.

Infektionen durch Bakterien

Salmonellen

Momentan sind über 2000 Salmonellenarten (*Serovare*) bekannt, die beim Menschen akute Magen-Darm-Infektionen hervorrufen können. In den USA sollen 14 % bzw. 280.000 der jährlichen Fälle von Salmonellose beim Menschen allein auf Wasserschildkröten zurückzuführen sein. Im Informationsblatt der ARAV (Association of Amphibian and Reptilian Veterinarians) wird empfohlen, dass Haushalte mit Kleinkindern gänzlich auf die Haltung von Reptilien ver-

Allergien

Ein Vorteil von Reptilien besteht darin, dass sie – ohne gesundheitliche Probleme auszulösen – auch gut von Menschen gehalten werden können, die auf Tierhaare und Federn allergisch reagieren. So brauchen auch Personen, die zum Beispiel an Asthma oder Neurodermitis leiden, nicht auf die Haltung eines Haustieres zu verzichten. Allerdings sollte bedacht werden, dass bei der Haltung von Schlangen Allergien kurzfristig durch die Haare der Futtertiere auftreten können.

Reptilien sind geeignete Haustiere für Allergiker. Nur bei Schlangen kann durch die Haare der Futtertiere kurzfristig eine allergische Reaktion auftreten.

zichten sollten, da es insbesondere bei Kleinkindern, aber auch bei immungeschwächten Personen zu lebensbedrohlichen Erkrankungen durch Salmonellen kommen kann.

INFEKTIONSMÖGLICHKEITEN Die Infektion erfolgt v.a. auf oralem Weg durch verunreinigte Lebensmittel, seltener durch den Kontakt mit Tieren, die Salmonellen ausscheiden. Es ist davon auszugehen, dass die meisten Reptilien Träger von Salmonellen sind und sie zumindest zeitweise über den Kot ausschei-

den. Der Befall verläuft bei den Reptilien selbst in der Regel symptomlos, das heißt, sie sind nur Träger und Ausscheider von *Salmonella spp.*, ohne selbst zu erkranken. Gefahr besteht, wenn nach der Reinigung des Terrariums oder dem Umgang mit dem Tier die Hände nicht gewaschen werden. Da sich häufig noch Kotreste z.B. an den Füßen des Tieres befinden, erfolgt eine Infektion bei anschließender Aufnahme von Lebensmitteln über die verunreinigten Hände. Auch in der Küche frei laufende Reptilien können sich auf Flächen fortbewegen, die nachfolgend mit Lebensmitteln in Berührung kommen und so die Nahrungsmittel kontaminieren.

BEHANDLUNG Eine Behandlung salmonelleninfizierter Reptilien mit Antibiotika kann zwar zeitweise die Ausscheidung von Salmonellen unterdrücken, sie führt jedoch fast nie zur Elimination dieser Bakterien bei den betroffenen Reptilien.

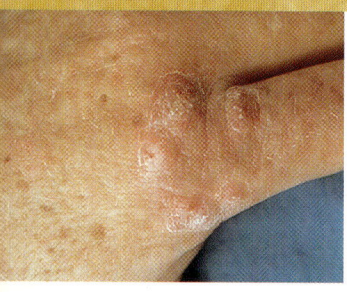

Infektion mit Mykobak-
terien beim Menschen.

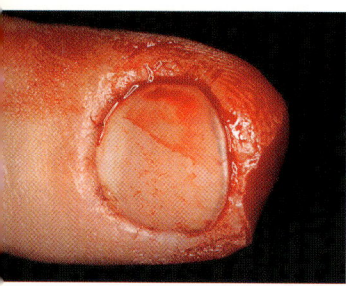

Biss eines Grünen
Leguans.

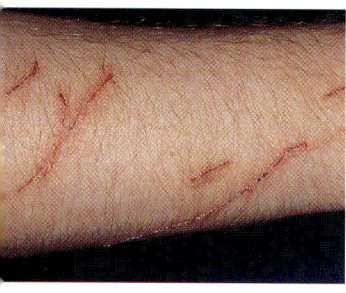

Kratzwunden durch
einen Grünen Leguan.

Mykobakterien

Eine Infektion mit Mykobakterien ist nach eigenen Erfahrungen bei Reptilien wesentlich seltener als bei Zierfischen. Die Erreger sind bei Reptilien vor allem *Mycobacterium chelo-niae*, *M. marinum*, *M. fortuitum* und *M. phlei*. Meistens sind Wasserschildkröten betroffen, die sich v.a. über die Aufnahme von mit Mykobakterien infizierten Fischen anstecken. Daher sollte von einer Verfütterung kranker oder verendeter Zierfische an Wasserschild-

kröten unbedingt Abstand genommen werden. Auch bei rein Land bewohnenden Schildkröten, Schlangen und Echsen kann zuweilen eine Mykobakteriose als Todesursache festgestellt werden.

DIE DIAGNOSE am lebenden Tier ist schwierig zu stellen. Bei der Sektion können jedoch mikroskopisch die typischen Granulome in inneren Organen wie Leber, Milz und Nieren festgestellt werden. Bei Wasserschildkröten, die wiederholt therapieresistente Abszesse aufweisen, sollte unbedingt eine Untersuchung des Abszessmaterials auf säurefeste Stäbchen vorgenommen werden, um eine Mykobakteriose auszuschließen bzw. zu bestätigen.

BEIM MENSCHEN werden nach einer Infektion mit diesen atypischen Mykobakterien Hautveränderungen beobachtet, die als so genanntes Schwimmbadgranulom bezeichnet werden. Diese Hautveränderungen heilen meistens auch ohne Behandlung nach einigen Wochen wieder ab.

Weitere Bakterien

Aus Reptilien wurden auch noch andere potenzielle Zoonoseerreger isoliert, wie z.B. *Actinobacillus sp.*, *Bacteroides sp.*, *Citrobacter sp.*, *Clostridium sp.*, *Corynebacterium sp.*, *Edwardsiella tarda*, *Enterobacter sp.*, *Escherichia coli*, *Flavobacterium meningosepticum*, *Leptospira sp.*, *Neisseria sp.*, *Pasteurella sp.*, *Pseudomonas sp.*, *Staphylococcus sp.*, *Streptococcus sp.* und *Yersinia enterocolitica*. Die meisten dieser Keime können Magen-Darm-Infektionen beim Menschen verursachen, in seltenen Fällen auch eine Gehirnhautentzündung. *Enterobacter cloacae* und *Klebsiella pneumoniae* sind Erreger von Erkrankungen des Urogenitaltraktes beim Menschen.

Auch Pflanzenfresser wie dieser Grüner Leguan oder andere Echsen können schmerzhaft zubeißen.

Traumata

Bisse

UNGIFTIGE TIERE Bisswunden von ungiftigen Schlangen heilen meist ohne Komplikationen, wenn die Wunden sofort mit einem Desinfektionsmittel versorgt werden. Gleiches gilt bei den meisten Bissen von Echsen. Auch Pflanzenfresser wie Grüne Leguane oder verhältnismäßig kleine Echsen wie Tokees können unter Umständen sehr schmerzhaft zubeißen. Komplikationen können sich bei Bisswunden von Echsen, die auch Aas aufnehmen, z.B. Warane oder Panzerechsen, ergeben. Hier können starke Entzündungen entstehen, die einen Arztbesuch erforderlich machen und oft nur mit Antibiotika wieder in den Griff zu bekommen sind.

GIFTSCHLANGENBISSE Es sind sofort der Notarzt und am besten auch die nächstliegende Giftzentrale, die in der Regel die verfügbaren Antiseren vorrätig hält, zu verständigen.

DAS TIER LÄSST NICHT LOS Wenn das Tier nicht loslässt, sollte der nächste erreichbare Wasserhahn mit kaltem Wasser voll aufgedreht und die Hand (oder ein anderer betroffener Köperteil) mit dem Tier in den Wasserstrahl gehalten werden. Meist lassen die Tiere dann innerhalb weniger Sekunden los.

Kratzwunden

HANDSCHUHE SCHÜTZEN Vor allem Grüne Leguane und andere Echsen mit scharfen Krallen können ab einer gewissen Größe ihrem Pfleger erhebliche Verletzungen zufügen. Am besten trägt man beim Umgang mit diesen Tieren Lederhandschuhe.

KRATZER DESINFIZIEREN Sollte es doch einmal zu Kratzwunden kommen, sollten diese mit einem in der Apotheke erhältlichen Desinfektionsmittel desinfiziert werden, um eine Infektion zu vermeiden.

ADULT ▸ erwachchsen.

A-HYPOVITAMINOSE ▸ Vitamin-A- Mangel.

ALBINO ▸ Tier mit angeborener Pigmentlosigkeit.

AMÖBENDYSENTERIE/AMÖBENRUHR▸ durch Einzeller verursachte Krankheit bei Reptilien, insbesondere Schlangen und Echsen.

ANAMNESE ▸ Krankengeschichte, Vorbericht.

ANOREXIE ▸ Nahrungsverweigerung.

ANTIBIOTIKUM ▸ gegen Bakterien wirksames Medikament.

APATHIE ▸ Teilnahmslosigkeit.

AQUATIL ▸ im Wasser lebend.

ASCARIDEN ▸ Spulwürmer.

AUTOTOMIE ▸ plötzliches Abstoßen von Körperteilen im Gefahrenfall. Kommt bei Reptilien vor allem bei Geckos und Eidechsen vor. Der sich heftige bewegende Schwanz lenkt Räuber ab und ermöglicht so die Flucht des Tieres.

BLUT ▸ besteht aus Blutplasma und geformten Bestandteilen, den Blutzellen (Erythrozyten, Leukozyten, Thrombozyten).

BRILLE ▸ durch Verwachsung der beiden Augenlider entstandene Hautschicht über der Hornhaut bei Schlangen und verschiedenen Echsen, wird mitgehäutet.

CESTODEN ▸ Bandwürmer.

CHELONOLOGIE ▸ Schildkrötenkunde.

CILIATEN ▸ Wimperntierchen.

DAUERSTADIEN ▸ z.B. Wurmeier von Würmern.

ECDYSIS ▸ Häutung.

EIZAHN ▸ embryonales Hilfsorgan zum Öffnen der Eischale bei Reptilien.

EKTOPARASITEN ▸ außen am Wirt parasitierende Organismen.

EKTOTHERM ▸ synonym zu poikilotherm, d.h. Tiere, deren Körpertemperatur von der Umgebungstemperatur abhängt.

ENDOPARASITEN ▸ im Körperinneren (d.h. Körperhöhle oder innere Organe) des Wirts lebende Parasiten.

EPIDERMIS ▸ Oberhaut, äußerste Hautschicht, die bei Reptilien stark verhornt ist.

FEMORALPOREN, FEMORALDRÜSEN ▸ auf der Innenseite der Oberschenkel vieler Echsen in einer Längsreihe, seltener als kleine Anhäufungen angeordnete Poren von Hautdrüsen, die bei männlichen Tieren in der Regel wesentlich stärker ausgebildet sind. Wahrscheinlich dienen sie zur Markierung von Revieren und Gegenständen.

FEMUR ▸ Oberschenkel.

FETTLEBER ▸ spezielle Form der Leberdegeneration, häufig durch übermäßige Fütterung verursacht.

FRAKTUR ▸ Knochenbruch.

GICHT ▸ eine Störung des Harnsäurestoffwechsels mit Ablagerung von Harnsäure und deren Salzen in den inneren Organen und Gelenken.

GRANULOM ▸ knötchenförmige Neubildung von Gewebe als Reaktion auf infektöse oder chronisch-entzündliche Prozesse mit charakteristischem Aufbau

HEMIPENIS ▸ paariges Kopulationsorgan bei männlichen Schlangen und Echsen.

HERBIVOR ▸ Pflanzen fressend.

HERPETOLOGIE ▸ Amphibien- und Reptilienkunde.

HEXAMITEN ▸ Flagellaten, die vor allem den Darm und den Urogenitaltrakt bei Reptilien befallen.

HIBERNATION ▸ Überwinterung.

HYPERKERATOSE ▸ übermäßige Verhornung der Haut, z.B. nach Milbenbefall oder bei Vitamin A-Mangel.

INAPPETENZ ▸ Futterverweigerung.

INKUBATOR ▸ Brutapparat.

INTOXIKATION ▸ Vergiftung.

JACOBSONSCHES ORGAN ▶ Vomeronasalorgan, stellt ein zusätzliches Riechorgan dar, welches vor allem bei Echsen und Schlangen gut ausgeprägt ist und bei Chamäleons und Panzerechsen fehlt.

JUVENIL ▶ jugendlich.

KACHEXIE ▶ Abmagerung.

KARAPAX ▶ Rückenpanzer der Schildkröten.

KARNIVOR ▶ Fleisch fressend.

KLOAKE ▶ Endabschnitt des Darmes, in den auch die Harn- und Genitalwege ausmünden.

KOKZIDIEN ▶ einzellige Parasiten, die im Magen- oder Darmepithel parasitieren.

LEGENOT ▶ Unfähigkeit des Weibchens zur Ablage der reifen Eier.

LOKALANÄSTHESIE ▶ lokale Betäubung.

MEMBRANA NICTITANS ▶ Nickhaut, d.h. das 3. Augenlid.

MORTALITÄT ▶ Sterblichkeit.

MYIASIS ▶ Befall mit Fliegenlarven.

MYKOSE ▶ Pilzerkrankung.

NATTERNHEMD ▶ die von Schlangen in einem Stück abgestreifte alte Hornschicht.

NEKROSE ▶ Absterben von Zellen beziehungsweise Gewebe.

NEMATODEN ▶ Fadenwürmer.

NICKHAUT ▶ 3. Augenlid.

NEPHROPATHIE ▶ Nierenerkrankung, bei Reptilien nicht selten. Häufig bedingt durch Infektionen, zu eiweißreiche Fütterung oder Parasiten.

OBSTIPATION ▶ Verstopfung.

ÖDEME ▶ durch vermehrte Flüssigkeitsansammlung bedingte Gewebsschwellung.

OESOPHAGUS ▶ Speiseröhre.

OMNIVOR ▶ allesfressend (tierische und pflanzliche Nahrung).

OSTEODERMATA ▶ Hautknochen, Hautverknöcherungen.

OVARIEN ▶ Eierstöcke.

OVIPAR ▶ Eier legend.

OVOVIVIPAR ▶ eilebendgebärend, wobei die Eier sich im Muttertier zu schlupfreifen Jungtieren weiterentwickeln.

OXYUREN ▶ Madenwürmer, häufig bei Landschildkröten.

PALPIEREN ▶ Ertasten.

PARASITOSE ▶ durch Schmarotzer (Parasiten) bedingte Erkrankung.

PATHOGEN ▶ krankheitsauslösend.

PENTASTOMIDEN ▶ Zungenwürmer, Entwicklung über Zwischenwirte, Zoonoseerreger!

PLASTRON ▶ Bauchpanzer bei Schildkröten.

PNEUMONIE ▶ Lungenentzündung.

POIKILOTHERM ▶ wechselwarm.

PRÄANALPOREN ▶ bei zahlreichen Echsen vor der Kloakenöffnung lokalisierte Hautdrüsen, bei männlichen Tieren meist wesentlich stärker ausgeprägt.

PROLAPS ▶ Vorfall (zum Beispiel des Darmes, des Penis oder des Eileiters).

QUARANTÄNE ▶ Separate Haltung von Neuzugängen, krankheitsverdächtigen und kranken Tieren in speziellen Terrarien.

RACHITIS ▶ durch Vitamin D bzw. UV-Lichtmangel und Kalziummangel entstandene Erkrankung des Knochenskeletts.

SEMIADULT ▶ halb erwachsen.

SONDIEREN ▶ Methode zur Geschlechtsbestimmung bei Schlangen und manchen Echsenarten.

SPEZIES ▶ Art.

STOMATIS ▶ Entzündung der Maulschleimhaut, „Maulfäule".

STRUMA ▶ Kropfbildung.

TERRESTRISCH ▶ an Land lebend.

TRACHEA ▶ Luftröhre.

TREMATODEN ▶ Saugwürmer.

ZOONOSE ▶ Krankheit, die von Tieren auf Menschen übertragbar ist.

IMPRESSUM

Bildnachweis
Farbfotos von:
Frank Hecker: (9: S. 16, 19, 21, 27, 35, 50/51, 72, 80, 114)
Dr. F. Sauer/Hecker: (4: S. 17, 28/29, 52/53, 86/87)
Dr. Rudolf König: (6: S. 26, 36/37, 40, 108, 113, 119)
Alle übrigen 142 Aufnahmen stammen von der Autorin Dr. Petra Kölle.

Alle Angaben in diesem Buch erfolgen nach bestem Wissen und Gewissen. Sorgfalt bei der Umsetzung ist indes dennoch geboten. Verlag und Autor übernehmen keinerlei Haftung für Personen-, Sach- oder Vermögensschäden, die aus der Anwendung der vorgestellten Materialien und Methoden entstehen können.

Informationen senden wir Ihnen gerne zu

Bücher · Kalender · Spiele
Experimentierkästen · CDs · Videos

Natur · Garten & Zimmerpflanzen ·
Heimtiere · Pferde & Reiten ·
Astronomie · Angeln & Jagd ·
Eisenbahn & Nutzfahrzeuge ·
Kinder & Jugend

KOSMOS

Postfach 10 60 11
D-70049 Stuttgart
TELEFON +49 (0)711-2191-0
FAX +49 (0)711-2191-422
WEB www.kosmos.de
E-MAIL info@kosmos.de

Impressum

Umschlaggestaltung von eStudio Calamar unter Verwendung von vier Farbaufnahmen von Dr. Petra Kölle (großes Motiv U1), Wally und Burkhard Kahl (kleine Aufnahmen U1) und Frank Hecker (U4).

Mit 161 Farbfotos.

Die Deutsche Bibliothek – CIP-Einheitsaufnahme

Ein Titelsatz für diese Publikation ist bei der Deutschen Bibliothek erhältlich.

Gedruckt auf chlorfrei gebleichtem Papier

© 2002, Franckh-Kosmos Verlags-GmbH & Co., Stuttgart
Alle Rechte vorbehalten
ISBN 3-440-09010-8
Redaktion: Christine Axmann
Gestaltungskonzept: eStudio Calamar
Gestaltung und Satz: Guido Schlaich
Produktion: Kirsten Raue, Markus Schärtlein
Printed in Czech Republic / Imprimé en République tchèque
Druck und Binden: Tesinska Tiskarna, a.s., Cesky Tesin

ZUM WEITERLESEN

► BÜCHER

Blahak, S.:
Schlangen richtig pflegen.
Landbuch Verlag. Hannover 1999.

Dost, Uwe:
Das Kosmos-Buch der Terraristik.
Kosmos-Verlag. Stuttgart 2000.

Köhler, Günther:
Der Grüne Leguan im Terrarium.
Herpeton. Offenbach 2001.

Krauss. H., Weber, A., Enders, B.,
Schiefer, H.G., Slenczka, W. und
Zahner, H.:
Zoonosen
Deutscher Ärzte-Verlag. Köln 1997.

Mehrtens, John. M.:
Schlangen der Welt,
Kosmos Verlag. Stuttgart 1993.

Rogner, Heidi:
Landschildkröten.
Kosmos-Verlag. Stuttgart 2001.

Rogner, Manfred:
Terraristik.
Kosmos-Verlag. Stuttgart 2002.

van Kampen, Thomas:
Grundkurs Terrarium.
Kosmos-Verlag. Stuttgart 1997.

Gutachten über die Mindestanforderungen an die Haltung von Reptilien. Erhältlich beim Bundesministerium für Ernährung, Landwirtschaft und Forsten in Bonn oder
über die DGHT.

► ZEITSCHRIFTEN

Elaphe + Salamandra, Zeitschriften
der DGHT, die im Mitgliedsbeitrag
enthalten sind.

Reptilia, Terraristik-Fachmagazin
Herausgeber: Natur- und Tier-
verlag Matthias Schmidt
An der Kleinmannbrücke 39
48157 Münster
Tel: 0251-143953

DRACO, Terraristik-Themenheft
Herausgeber: Natur-und Tierverlag
Matthias Schmidt;
Adresse siehe oben

DATZ, Die Aquarien- und Terrarien-
zeitschrift
Herausgeber: Verlag Eugen Ulmer
Postfach 700561
70574 Stuttgart
Tel: 0711-45070

Herpetofauna, Zeitschrift für
Reptilien- und Amphibienkunde
Herausgeber: herpetofauna-Verlags
GmbH
Römerstr. 21
71384 Weinstadt
Tel + Fax: 07151-600677

Sauria, Terraristik und Herpetologie
Herausgeber: Terrariengemein-
schaft Berlin e.V.
Geschäftsstelle: Barbara Buhle
Planetenstr. 45
12105 Berlin
Tel: 030-6947140

Ausgewählte Aufsätze

Kölle, P.; Baur, M., Hoffmann, R.
(1996): Ernährung von Schildkröten. DATZ 5 + 6

Kölle, P., Baur, M. Hoffmann, R.
(1998): Kardinalfehler bei der Pflege
von Landschildkröten (I). DATZ 12

Kölle, P., Baur, M., Hoffmann, R.
(1999): Kardinalfehler bei der Pflege
von Landschildkröten (II), DATZ 1

ADRESSEN

Terrarienkundliche Vereinigungen
DGHT-Geschäftsstelle
Postfach 1421
53351 Rheinbach
Tel: 02225-703333;
Fax: 02225-703338

Untersuchungsstellen (Sektionen
toter Tiere, Kotuntersuchungen)

Poliklinik für Vogel- und Reptilien-
krankheiten
Universität Leipzig
An den Tierkliniken 17
04103 Leipzig
Tel: 0341-97384-00

ExoMed-Institut für veterinär
medizinische Betreuung niederer
Wirbeltiere und Exoten
Am Tierpark 64
10319 Berlin
Tel: 030-51067701

GeVo Diagnostik
Jakogstr. 65
70794 Filderstadt

Institut für Zoologie, Fischereibio-
logie und Fischkrankheiten der
Universität München
Kaulbachstr. 37
80539 München
Tel: 089-2180-2283

Justus-Liebig-Universität Gießen
Institut für Geflügelkrankheiten
Frankfurter Str. 87
35392 Gießen
Tel: 0641-9938432

Tierärzte

Auf Reptilien spezialisierte Tierärzte finden Sie im Internet unter
www.reptilien.de oder www.dght.de
nach Postleitzahlen geordnet. Auch
telefonische Anfrage bei der Geschäftsstelle der DGHT möglich.

INTERNET

www. dght.de

www.herpnutrition.com

www.reptil.net

www. reptilien.de

www.terraristik.net

www.wisia.de

Faszination Terraristik

Für Einsteiger und Fortgeschrittene

Farbenprächtige exotische Tiere beobachten – das Terrarium macht es möglich. Aber wie gestaltet man ein Stück Natur „en miniature"? Was brauchen Echsen, Schlangen und Frösche, um sich wohlzufühlen?

Uwe Dost zeigt es in diesem umfassenden Ratgeber. Auch für Einsteiger eine Fundgrube an praxisnahem Wissen: Terrarientypen, Technik, geeignete Pflanzen und Tiere. Mit wunderbaren Farbfotos, Reportagen und verblüffenden Details.

Uwe Dost
Das Kosmos-Buch der Terraristik

156 Seiten
211 Abbildungen
gebunden

ISBN 3-440-07451-X

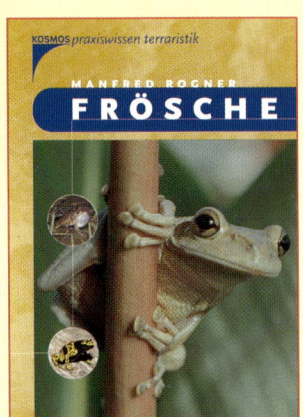
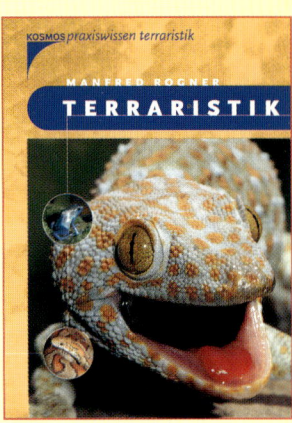